ENSAIO SOBRE O

CANCELAMENTO

ENSAIO SOBRE O CANCELAMENTO

PEDRO TOURINHO

Planeta

Copyright © Pedro Tourinho, 2024
Copyright © Editora Planeta do Brasil, 2024
Todos os direitos reservados.

Preparação: Fernanda Guerriero Antunes
Revisão: Edgar Costa Silva e Marianna Muzzi
Projeto gráfico e diagramação: Futura
Capa: Eduardo Foresti | Foresti Design

DADOS INTERNACIONAIS DE CATALOGAÇÃO NA PUBLICAÇÃO (CIP)
ANGÉLICA ILACQUA CRB-8/7057

Tourinho, Pedro
  Ensaio sobre o cancelamento / Pedro Tourinho. - São Paulo : Planeta do Brasil, 2024.
  144 p.

Bibliografia
ISBN 978-85-422-2665-2

1. Liberdade de expressão 2. Ciências sociais I. Título

24-1201   CDD 303.38

Índice para catálogo sistemático:
1. Liberdade de expressão

MISTO
Papel | Apoiando o manejo
florestal responsável
FSC® C005648

Ao escolher este livro, você está apoiando o manejo responsável das florestas do mundo

2024
Todos os direitos desta edição reservados à
Editora Planeta do Brasil Ltda.
Rua Bela Cintra, 986 – 4ª andar – Consolação
01415-002 – São Paulo-SP
www.planetadelivros.com.br
faleconosco@editoraplaneta.com.br

1993, fudidamente voltando, Racionais
Usando e abusando da nossa liberdade de expressão
Um dos poucos direitos que o jovem negro ainda tem nesse país
Você está entrando no mundo da informação,
autoconhecimento, denúncia e diversão
Esse é o Raio X do Brasil, seja bem-vindo

"Introdução", *Raio X do Brasil* (1993)
Racionais MC's

Sumário

Introdução 9

Capítulo 1. Cancelamento: o que é, de onde vem? 17
Capítulo 2. Pré-história do cancelamento 25
Capítulo 3. Brasil, uma nação cancelada 35
Capítulo 4. As revoluções através dos tempos 49
Capítulo 5. Cultura, multidão e dinâmicas de rede 59
Capítulo 6. As guerras culturais 67
Capítulo 7. A encruzilhada de Wall Street 73
Capítulo 8. #YoTambién 77
Capítulo 9. Vidas negras importam 89
Capítulo 10. Intolerância religiosa 101
Capítulo 11. O império contra-ataca 115
Capítulo 12. Eu, eu mesmo e o cancelamento 131

Referências 137

Introdução

Grupos de WhatsApp, escolas, universidades, empresas e comunidades. Em todas as esferas da sociedade o medo ronda: "Serei cancelado?".

Cancelamento é uma das questões mais pesquisadas da nossa década, é uma dinâmica das redes sociais, uma tempestade algorítmica, uma crise binária que, dada sua intensidade e relevância, acaba por perpassar várias discussões do nosso tempo: liberdade de expressão, censura, justiça, bullying, racismo, machismo, debates identitários. Qual justiça há numa agressão digital? Existe vida depois do cancelamento?

O cancelamento pune, sim – por exclusão, constrangimento e exposição. É uma forma de engajamento que muitas vezes se mistura a sentimentos de ódio e ressentimento. É uma tempestade na vida de quem foi cancelado e provoca reações de revolta ou indignação. Não representa uma punição objetiva, como prisão ou privação de bens, tampouco é comparável a vidas e gerações inteiras de opressão sistêmica. Na maior parte das vezes, gera apenas angústia, confronto, necessidade de dar explicação, de reconhecer o erro. E, mesmo para quem comete crimes hediondos, o cancelamento pode não ir além de um dano de imagem, o que não é pouco em uma era digital e de hipervalorização da imagem pública, mas tem efeito limitado diante da dura realidade do mundo.

Para a grande maioria, é uma crise. Sim, uma crise, que vem e que passa. Cancelamento não é tão fático para seus alvos quanto se pinta, há até quem se beneficie dele, porém é uma situação nova aos que não estão acostumados a ser chamados à atenção. Pode até parecer, mas, a rigor, a vida não acaba com o cancelamento. Existe quem sofre e sucumbe, e quem reage e se reergue. E há quem aprende.

A viralização do termo e da prática, ao lado do alto engajamento que gera, fez do "cancelamento" uma palavra doce: sinônimo, etiqueta e classificação para todo tipo de dinâmica de debates com causas e consequências nas redes. Ao começar a escrever este livro, senti a necessidade de delimitar um espaço, afunilar o uso desse vocábulo e ter uma definição mais fechada do seu significado.

> *Cancelamento é como chamamos a dinâmica social de apontar, constranger e excluir pessoas ou grupos que agem em desacordo com determinada norma social.*

Entendendo o cancelamento como dinâmica social, um fenômeno da natureza social e, agora, digital, não quero perder muito tempo discutindo o mérito da sua existência. Ou se é essencialmente bom ou ruim, até porque tudo nessa vida tem um lado bom e um lado ruim. Contudo, me interessa, sim, entender o que é o joio e o que é o trigo, desanuviar e dissecar conceitos, discutir seu papel em nossa sociedade hoje e o que representa na linha do tempo da sociedade de sempre, desde o surgimento da nossa existência.

A proposta inicial era desenvolver uma obra mais técnica, cujo título seria *Cancelamento: o que é, o que não é, como lidar*. Um livro de bolso, um guia para entender esse fenômeno e lidar com ele. Pois bem, no decorrer da escrita e pesquisa, sobretudo no âmbito da dinâmica das guerras culturais nos últimos trinta anos, a história foi tomando outros caminhos, questionamentos pragmáticos foram surgindo e o rumo do texto mudou.

Entendi que o cancelamento é um termo novo, mas também uma dinâmica social antiga, pré-internet. Trata-se de apontar e constranger (*naming and shaming*, como a sociologia internacional o define) e é parte de um grupo de práticas de controle com objetivo de evitar ou provocar transformações sociais. É a estigmatização como arma nas guerras culturais, mas uma arma que estava disponível até pouco tempo atrás apenas para o que chamamos de *establishment*, a turma do poder estabelecido.

A relevância das redes sociais como veículos de mídia, somada à força dos algoritmos, promoveu um grande reequilíbrio de forças de expressão e poder. Até o surgimento dessas plataformas, esse tipo de punição por exclusão, constrangimento e exposição tinha endereço certo. De Galileu a Monica Lewinsky, da Inquisição aos tabloides, de Joana D'Arc a Elza Soares, os alvos eram sobretudo pessoas e grupos identitários específicos fora da dinâmica de poder.

Com a internet, a classe dominante (até então única ditadora da "norma vigente") – os homens brancos, executivos, governantes, grandes grupos de mídia, pertencentes às famílias tradicionais – pela primeira vez esteve sujeita a ser apontada, constrangida, punida e, por vezes, excluída por indivíduos que até então estavam sabotados e desarmados nessa arena: os grupos identitários, mulheres, negros, povos originários, imigrantes, pessoas racializadas, PcDs e LGBTQIAP+. Estes, historicamente colocados à margem das discussões, devido a sua articulação de rede, viraram o jogo e tornaram-se o centro, o estopim de debates, ações e transformações.

Foi preciso que surgisse toda uma infraestrutura de rede, uma sociedade e uma comunicação de massa com a capilaridade da internet, a horizontalidade das redes sociais e a possibilidade de níveis nunca antes alcançados de mobilização, engajamento e produção de conteúdo para que esses grupos pudessem ter força e fossem capazes de cancelar um homem branco que seja.

A ampla participação social e os meios de expressão coletiva são elementos fundamentais em processos que preparam o terreno para mudanças, pois não existe revolução popular sem comunicação. No entanto, o poder desses meios sempre esteve muito mais forte do outro lado. No Brasil, por exemplo, são os políticos e os oligarcas que detêm a maioria das concessões de TV, que são os donos de jornais e portais de internet. A comunicação pública virou ferramenta de controle da oligarquia – e não há melhor instrumento para abafar movimentos populares do que a mídia de massa.

Por esse viés, o cancelamento nos dá a possibilidade de inverter o sentido tradicional da própria exclusão ou da punição social, no âmbito da expressão, intervindo na esfera pública com o questionamento inédito às vozes dominantes. O cancelamento ofende, na maioria das vezes, quem estava acostumado a ofender. É uma punição simbólica/real e uma exclusão da comunidade virtual de quem punia e excluía o outro social, econômica e politicamente. Vidro que virou vidraça. Há exageros e injustiças? Sim, sempre. No entanto, o convite que faço aqui é de se fazer uma análise mais abrangente, uma visão *lato sensu* da questão com base em uma perspectiva de desenvolvimento coletivo pelo ponto de vista dos historicamente oprimidos. Em nosso tempo, esse é o ponto de vista que interessa.

Este livro não é uma tese acadêmica, nem traz uma definição absoluta. Trata-se de uma apresentação de várias peças do quebra-cabeça ordenadas de forma que transpareça a perspectiva que acredito ser a mais indicada para abordar o assunto tanto de uma lente histórica quanto prática. E, com o andar da escrita, o texto transformou-se em um ensaio sobre como o cancelamento – apesar de todo desarranjo e histrionismo de suas manifestações, do caos algorítmico, dos exageros, justiças, injustiças e justiçamentos – tornou-se uma importante ferramenta política de expressão anti-*establishment*, que provocou, sim, noves fora, transformações positivas nos indivíduos e na sociedade.

Também nessa dimensão, uma das maiores motivações que tive para escrever estas páginas talvez tenha sido certa indignação ao perceber que os poderosos estavam se aproveitando da confusão em torno do conceito de cancelamento e seu uso social para relativizar crimes, agressões e retrocessos: o sujeito não foi racista, foi apenas cancelado; não cometeu um crime, sofreu cancelamento. De uma forma muito cruel e cínica, deu-se à classificação de "cancelado" o poder de transformar agressores em vítimas.

Não podemos correr o risco de nivelar o cancelamento às opressões e exclusões consolidadas historicamente nas esferas social, econômica e política. Isso significa igualar a "liberdade de expressão" do opressor, que sempre exerceu o controle da mídia, e a do oprimido, que sempre foi agredido e marginalizado. Não podemos colocar racismo e cancelamento na mesma métrica, no mesmo nível. Racismo, assim como outras formas de preconceito e agressão, é crime; cancelamento, na maioria dos casos, é reação.

Uma vez, conversando com Gilberto Gil sobre o tema, ele me disse: "É, chamar atenção de forma afirmativa é importante, mas nós só não podemos parar de pensar". Como lidar com o cancelamento de modo que seja uma dinâmica que nos leve para a frente? Como garantir que haverá aprendizados?

Defendo que, com o viés certo, o cancelamento pode ser acima de tudo uma grande oportunidade de transformação e convido vocês a passarem comigo pela história de movimentações análogas, revoltas, revoluções e guerras culturais até chegarmos ao ápice de grandes casos de cancelamento, seus reflexos na sociedade e oportunidades de transformação que esses embates oferecem a cada um de nós.

Escrevo aqui do ponto de vista de um homem branco cis, descendente de portugueses, família presente e dominante no Nordeste brasileiro desde o século XVI. Meus antepassados foram, literalmente, donos de capitanias hereditárias. A vida em rede acompanha esses debates neste século e, há alguns anos, fez-me viver numa paranoia necessária de questionar cada olhar, cada vírgula de pensamento, cada tropeço meu ou do outro, com a perspectiva de quem historicamente está errado e sufocou o espaço de outras pessoas existirem e viverem em sua plenitude.

Ensaio sobre cancelamento é também um esforço para que quem vem do mesmo recorte social que o meu passe a enxergar a dinâmica do cancelamento e toda a intensidade que esses debates têm na rede não como injustiças ou aberrações do mundo digital, mas sobretudo como oportunidades de aprender.

Capítulo 1.
Cancelamento: o que é, de onde vem?

Da encruzilhada de que partimos neste livro, é importante logo de saída um respiro para entender o surgimento do termo "cancelamento" e a jornada desse vocábulo, dessa expressão, no repertório da sociedade. Palavras têm também sua linha do tempo e, num momento de ultrapopularidade, quando a água está fervendo, tudo pode virar cancelamento, ou não.

Uma das primeiras referências ao uso dessa palavra, nesse contexto, data de 1991, ano em que estreou *New Jack City*, filme que alavancou a carreira de Wesley Snipes, Chris Rock e Ice T. Em uma cena, Nino Brown, gângster interpretado por Snipes, é desafiado pela sua namorada, que o acusa de ser um assassino. Depois de jogá-la à força contra uma mesa, ele despeja espumante no seu corpo ao mesmo tempo que diz: "*Cancel that bitch. I'll buy another one*" – em português: "Cancela essa cadela. Eu vou comprar outra". Por ironia, a palavra "cancelamento" compartilha seu DNA com um contexto misógino.

Corta a cena para 2014, mais especificamente para um episódio do *reality show Love & Hip-Hop: New York*, transmitido pelo canal de televisão VH1. Um dos participantes do programa, Cisco Rosado, fala para o seu par romântico durante uma briga sobre lealdade no relacionamento entre os dois: "*You're canceled*" ("Você está cancelada". O mais interessante é que Rosado revela ter assistido ao filme protagonizado por Wesley Snipes na noite anterior ao desentendimento e lembrou de Nino Brown dizendo à sua namorada que ela havia sido "cancelada". A referência de *New Jack City* ficou tão forte na sua cabeça que Cisco Rosado repetiu a fala na vida real – e, ao que tudo indica, num contexto similar ao do longa de 1991: o de reprimir a expressão feminina.

A repercussão da briga e da fala de Rosado nas redes sociais foi tamanha que, depois disso, o termo "cancelamento" começou a se difundir de modo coloquial via Black Twitter – nome dado à grande rede de usuários negros do Twitter que interagem entre si de forma orgânica – e foi ressignificado. Mulheres tomaram as rédeas e passaram a usar a seu favor não só a expressão, mas também a prática.

Já em 2015, a ideia de cancelar alguém ganhou ainda mais espaço como uma reação a atitudes, comportamentos ou falas de pessoas – em geral, amigos, parentes ou conhecidos – com as quais os usuários não concordavam ou desaprovavam. Essa reação costumava acontecer jocosamente ou, com menos frequência, com caráter sério, repreensivo.

De post em post, "cancelamento" evoluiu e foi tomando forma. As respostas deixaram de ser apenas direcionadas a aqueles que faziam parte do círculo social íntimo dos usuários, voltando-se para celebridades e organizações que veiculassem ofensas ou tivessem comportamentos problemáticos (violentos, racistas e homofóbicos, por exemplo). As sementes da dinâmica do cancelamento estavam germinando, esperando para serem batizadas.

Dessa forma, e fazendo uma ligação direta com os movimentos negros das décadas de 1950 e 1960, o cancelamento nas redes passou a ser, sim, uma forma de boicote.

A ideia de cancelar o que está errado, o que está fora do espírito do tempo, o que ofende, agride, engatilha. Cancelar e constranger na mídia social pessoas e instituições que são intocáveis pela justiça e pelas leis. Liberdade de expressão, única ferramenta disponível para o jovem preto, como disse Mano Brown. Já que não será preso, multado nem penalizado, que seja exposto e constrangido.

É na esteira da palavra "cancelamento" que o jogo da narrativa virou em torno de 2017, quando, depois de anos de aprendizados e conexões, grupos identitários tomaram para si a força que tinham nas redes e puderam compartilhar em massa suas experiências pessoais, gerando conexão coletiva e força algorítmica. Sistemas de opressão começaram a ser contestados de forma mais organizada, e pessoas brancas, figuras públicas – em especial, homens héteros –, acostumadas com sua posição aparentemente inabalável de poder, foram as primeiras a serem canceladas. Eis o batismo do cancelamento como uma dinâmica que aponta, constrange e isola o agressor.

A palavra ganhou um novo sentido, pois passou a nomear também algo novo. Nada é por acaso. Uma palavra carrega todas as marcas da sua gênese, e, para melhor entendimento, é importante resgatar todo o caminho de sua construção, para além do fato recente em si. Entender a origem nos ajuda também a compreender a força que esses termos adquirem.

Discuti isso em *Eu, eu mesmo e minha selfie*, meu primeiro livro, quando tratamos do fenômeno das selfies. Na aparência, a selfie é apenas outro nome para o antigo autorretrato, outra forma de se retratar. Ou um autorretrato da era dos celulares. No entanto, não é apenas isso. A própria história da fotografia, bem como a tecnologia e o ambiente virtual de hoje, permitiu uma megadifusão do "autorretrato digital" e modificou a relação que cada um de nós tem com a própria imagem – e, portanto, a essência da imagem.

A selfie não é apenas uma "selfie". Observando o andar da sua pré-história, entendemos como ela deu ao autorretrato uma nova função: por meio dela, pessoas antes anônimas ganharam mais visibilidade, passaram a criar uma identidade e uma história, confundindo as esferas pessoais e digitais, o público e o privado. O termo "selfie" serve justamente para apontar o sentido que a cultura digital deu ao autorretrato na era da sociedade do espetáculo, do narcisismo e do culto às celebridades.

Acontece o mesmo com o cancelamento. Sempre existiram práticas de *shaming and blaming*, a estigmatização de pessoas e grupos, assim como a exclusão da vida em comunidade por algum ato ou falta cometida. São ferramentas antológicas de controle social com base nos interesses de quem está no poder. O cancelamento de hoje ganhou popularidade por estar num contexto inteiramente novo: a confluência do engajamento social de grupos identitários e do engajamento algorítmico possibilitado pelas redes sociais. Portanto, como ocorre com a selfie em relação ao autorretrato, o cancelamento é um vetor que tem antecedentes históricos, mas, até mesmo por inverter na sua direção, não deve ser confundido com eles.

Reivindicações de grupos marginalizados não são novidade. Diversas são as formas de insurgência de grupos oprimidos: da revolta de pessoas escravizadas lideradas por Espártaco na Roma Antiga à revolução liderada por Toussaint Louverture no Haiti; do movimento feminista à rebelião gay de Stonewall, na Nova York de 1969; do Quilombo dos

Palmares à luta pelos direitos civis de negros nos Estados Unidos a partir dos anos 1950.

Por vezes vitoriosos em campo, no âmbito da comunicação de massa esses grupos nunca conseguiram se impor totalmente. Conquistaram liberdades e direitos, às vezes depois de séculos de mobilização, mas, do ponto de vista do discurso hegemônico, permaneceram restritos às bolhas progressistas e seus respectivos canais e universos, como nas paradas do orgulho gay; em editoras de livros de literatura feminista, LGBTQIAP+ ou afrocentradas; nos festivais e circuitos alternativos de teatro e cinema; em revistas e jornais ativistas e, muitas vezes, clandestinos.

Só recentemente esses movimentos conseguiram se fazer ouvir, ter voz plena, conquistar amplo espaço nos meios de comunicação. Deixaram de apenas ser notícia para *fazer* e *difundir* a notícia – e não só em veículos de imprensa segmentados. É o poder de pautar o debate, e não ser refém da pauta alheia. Isso acontece quando os movimentos de minorias sociais e políticas encontram nas redes sociais um ambiente que potencializa seu engajamento e suas reivindicações. A voz dos grupos oprimidos transbordou da cultura digital para os meios de comunicação convencionais, para o mundo corporativo, para as instituições e mesmo para as estruturas de Estado.

Grupos que, aliás, passaram a ser chamados de "grupos identitários", em mais um caso no qual o surgimento de uma expressão linguística revela um contexto novo, que modifica e amplifica referências e práticas do passado. Assim como o conceito de cancelamento surge associado às redes sociais e aos grupos identitários, esses grupos ganham essa denominação ao fazerem valer seu peso social e político por meio das redes.

> *Como não há política sem cultura, não há cultura sem identidade.*

Prevalecem ainda por toda parte a desigualdade econômica e a exclusão política desses grupos. O sistema reage com força, daí a volta da mobilização da extrema direita e sua disputa cada vez mais veemente por poder. E por isso mesmo o cancelamento surge, nesse âmbito de redes sociais e grupos identitários, como um ensaio de antídoto anti-*establishment*, com a possibilidade concreta de provocar mudanças nos mecanismos de exclusão social, política e econômica, pois provocam mudanças reais de expressão e comportamento.

Tudo isso é novo na história da humanidade, e vai demorar até compreendermos a verdadeira dimensão do crescimento da cultura digital. Para quem nasceu na era da internet, a história anterior, "analógica", parece uma pré-história, como aquele longo período que precedeu a invenção da escrita e a própria noção de civilização. Em tempos de comunicação digital, as formas anteriores de transmissão de notícias e conhecimento parecem mesmo com a pré-história. E o alcance dos movimentos sociais do passado, em termos de comunicação, parece menor em comparação com o que acontece hoje. Será que era mesmo?

O cancelamento se insere nesse contexto de mobilização algorítmica e ativista digital que influencia de eleições municipais a cúpulas de Estado, mudando até o destino de conflitos e guerras. Movimentos de apontar, constranger, isolar e punir ideias dissidentes existem há séculos, só que exercidos por quem dominava todo o poder social. Vamos passar por alguns deles aqui, sobretudo para demonstrar o uso político de ferramentas de controle político, social e de classe e o movimento de reequilíbrio de formas de expressão social no início deste século, que é o tema do qual tratamos aqui.

Capítulo 2.
Pré-história do cancelamento

Ostracismo, excomunhão, boicote. Termos como esses dizem respeito a formas históricas de punição social por exclusão de uma comunidade ou da esfera pública. Cada sociedade adotou, ao longo da história, formas peculiares de constranger e estigmatizar quem ofende determinados valores, costumes e instituições.

Como eram sociedades ainda mais hierarquizadas, em que o poder se exercia implacavelmente de alto para baixo na escala social, com frequência a punição simbólica se materializava em punição concreta e provocava condenações mais severas: prisão, exílio e, em alguns casos, pena de morte. Algo bem diferente do cancelamento contemporâneo, que não necessariamente se confunde com pena de natureza jurídica, por ser uma expressão de poder recente numa sociedade em que a comunicação capilarizada tem força política inédita e que, muitas vezes, reage mais rápido do que qualquer processo judicial.

Muitas pessoas associam a ideia de cancelamento ao *ostracismo* – tipo de sanção em vigor na Atenas do século V a.C. que consistia na expulsão, por dez anos, do território da cidade-Estado grega, mas não envolvia perda de direitos civis nem punição pecuniária. O castigo era imposto pela assembleia popular reunida na ágora, a praça pública da Grécia Antiga. A palavra "ostracismo" deriva de *óstrakon*, um fragmento de louça em terracota no qual o nome do cidadão odiado era escrito por aqueles que votavam. O processo do ostracismo, portanto, se dava por votação dos cidadãos e seu objetivo não era eleger políticos a cargos, e sim execrar figuras públicas – tanto é assim que vários fragmentos arqueológicos trazem, além do voto, inscrições injuriosas aos sujeitos.

Atingindo indivíduos cuja atividade era considerada perigosa para o Estado, o ostracismo surgiu na era de Péricles (considerada a matriz das democracias modernas) como medida cautelar contra o retorno dos tiranos destronados. Na prática, porém, segundo alguns estudiosos, era usado como pretexto para eliminar do cenário político figuras públicas que faziam oposição a quem estava no comando. Sofreram ostracismo os generais Temístocles, acusado de alta traição, e Tucídides, por ter disseminado acusações contra o líder grego Péricles – ambos na época da Guerra do Peloponeso, que colocou Atenas e Esparta frente a frente.

Em Siracusa, situada na ilha italiana da Sicília – que, então, pertencia à Magna Grécia –, houve uma versão do ostracismo inspirada no exemplo ateniense e conhecida como *petalismo*. Naquela cidade, os cidadãos escreviam numa folha (*pétalon*) de oliveira o nome do proscrito.

O paralelo que se pode fazer entre ostracismo e cancelamento é claro. A decisão pelo ostracismo acontecia na *ágora*, e hoje em dia pode-se dizer que as redes sociais são a *ágora digital*, por terem se tornado o palco das decisões pelo cancelamento (ou não) de algo ou de alguém.

É claro que a semelhança acaba quando pensamos que o conceito grego de cidadão com direitos políticos só eventualmente incluía mulheres, excluindo estrangeiros e escravizados. Além disso, o ostracismo não deixava de ser uma espécie de exílio; seu caráter temporário até se parece com a crise passageira provocada pela exclusão das redes sociais, mas não é. Ao contrário do cancelamento, que pode ou não ter consequências materiais, o ostracismo afetava mais profundamente a vida física de quem era punido.

O ostracismo era uma forma do sempre atual *shaming*. O ato de envergonhar alguém em público representava um dano à imagem que, mesmo quando o dispositivo legal do ostracismo foi abolido, ficou ainda associado ao exílio. Tanto era símbolo de desonra que o filósofo Sócrates, quando foi processado por corromper a juventude e ofender os deuses, preferiu a sentença de morte, ingerindo cicuta, à pena alternativa de deixar Atenas e viver como exilado.

Exílio e termos correlatos, como "banimento" ou "deportação", designam até hoje formas de exclusão física dos seus alvos, em geral em tempos de turbulência política. Sob esse aspecto, teriam pouca relação com o cancelamento. No entanto, assim como acontecia com o ostracismo, o exílio significava – e significa –, além de uma limitação da liberdade pessoal, de um afastamento geográfico do lugar de origem, um modo não só de punir, mas, sobretudo, de anular a possibilidade de influência e dialética entre o exilado e sua comunidade. Cortar laços, silenciar.

Na Roma Antiga, *exsilium* indicava originalmente a retirada voluntária da cidade ou do país e a renúncia aos laços jurídicos com os demais cidadãos como saída para uma situação vexatória, de condenação segundo a opinião pública. Sob o imperador Augusto, o exílio se distinguia da *deportatio* ou *relegatio*, que em geral acontecia numa ilha ou num território isolado, porém permitia ao condenado permanecer na jurisdição dos domínios romanos. E, na Idade Média, o conceito jurídico romano se fundiu ao conceito germânico de *bannum*, cuja forma mais rigorosa fazia do condenado um *diffidatus ad mortem*, quando qualquer cidadão poderia matá-lo e permanecer impune.

Em alguns períodos, o exílio passou a ser considerado a punição mais pesada depois da pena de morte e deixou marcas profundas em exilados célebres da cultura e da política. No século XIV, Dante Alighieri, maior poeta da língua italiana, foi expulso por motivos políticos da cidade-Estado de Florença, para a qual nunca retornou. No exílio, acabou escrevendo sua obra-prima, *A divina comédia*, e colocou vários de seus inimigos nos círculos do "Inferno", eternizados e cancelados, na primeira parte do livro.

E o imperador francês Napoleão Bonaparte, ao ser derrotado em suas campanhas militares expansionistas, foi exilado e confinado duas vezes: primeiramente, na ilha de Elba, no Mediterrâneo, depois de fracassar na tentativa de invadir a Rússia; e, em seguida, depois de breve retorno ao poder e de nova derrota (agora para os ingleses), na ilha britânica de Santa Helena, no distante Atlântico Sul. O *Memorial de Santa Helena* – uma espécie de diário transcrito pelo conde Las Cases com base em conversas e cartas do ex-imperador – mostra como o exílio deixou Napoleão transtornado: mesmo podendo promover banquetes no cativeiro, ele se sentia deprimido e cogitou o suicídio antes de morrer ali, de causas naturais, em 1821.

Em tempos mais recentes, o exílio compulsório se associou sobretudo a estados de exceção e regimes totalitários, enquanto o exílio voluntário se tornou uma forma de escapar à perseguição. Os exemplos de exilados são inúmeros, desde Freud, que deixou Viena e se refugiou na Inglaterra para escapar à perseguição dos judeus pelo nazismo, até Caetano Veloso e Gilberto Gil, que se exilaram em Londres, por imposição do regime militar brasileiro.

Há casos também – como o do deputado Jean Wyllys –, cada vez mais frequentes, em que ocorre uma inversão e a decisão do exílio vem daquele que se afasta para proteger-se de um grupo dominante ou até mesmo de violentos ataques de grupos ideológicos.

Outro fenômeno frequentemente associado ao cancelamento remonta à Idade Média: a Inquisição Católica, que perseguiu tanto judeus quanto dissidentes ou contestadores dos dogmas da Igreja, considerados hereges. Mas só elites muito cínicas, aterrorizadas ao se verem contestadas de forma inédita nas redes sociais, podem ver no cancelamento uma prática inquisitorial. A Inquisição tinha como um de seus rituais o auto de fé, em que o réu poderia abdicar de suas heresias ou persistir em suas crenças, o que indicava sentenças que podiam ir da prisão perpétua à morte na fogueira.

A dinâmica do cancelamento nada tem a ver com a dinâmica "eliminacionista" da Inquisição. Ninguém que seja cancelado é obrigado a mudar de convicções. O cancelamento é a reação a uma forma considerada ofensiva, preconceituosa, de uso da força de expressão, mas não cancela a liberdade de expressão em si; apenas aponta suas distorções, sinaliza responsabilidade e limites. Bem diferente da mais famosa vítima da Inquisição católica, a camponesa Joana d'Arc, que dizia ter visões místicas, acompanhou o Exército francês na Guerra dos Cem Anos, entre França e Inglaterra, nos séculos XIV e XV, e foi condenada à morte por bruxaria depois de uma derrota de seu país. Joana d'Arc não foi "cancelada", mas assassinada nas fogueiras da Inquisição.

Passado o período mais violento dos autos de fé, porém, a Inquisição persistiu de forma mais branda com a criação do *Index Librorum Prohibitorum*. O Índex, como ficou conhecido, era uma lista de obras consideradas heréticas pela Igreja e que tinham sua circulação proibida. Foi criado no século XVI e guarda vaga semelhança com o cancelamento de obras e autores que os grupos identitários atuantes nas redes sociais querem excluir de escolas e livrarias.

A diferença é que imprimir, difundir, ler ou simplesmente possuir um livro considerado herético era um crime aos olhos da Igreja, enquanto a exclusão de uma obra "cancelada" dos currículos escolares ou dos catálogos das editoras, por ser considerada preconceituosa, é uma resposta à pressão das redes e sobretudo uma adequação ao momento jurídico-institucional que dá ao racismo, por exemplo, o caráter de crime.

Outro fenômeno ligado à esfera cristã é a excomunhão – a exclusão de pessoas da comunidade por ofensas a credos e dogmas. Obviamente, é uma pena ainda mais branda do que a fogueira da Inquisição ou mesmo a entrada da obra do réu no *Index Librorum Prohibitorum*. Com frequência, essa dinâmica também é associada ao cancelamento, ao menos na forma, na dinâmica e até mesmo no modo como é vivida pelo excomungado ou pelo cancelado: o indivíduo percebe que ofendeu a comunidade da qual participava e deve optar entre reconhecer seu erro, uma das formas que considero imprescindíveis para lidar com o cancelamento, ou arcar com as consequências de persistir em suas convicções. Na época, era mais uma forma de a Igreja manter controle prático e social sobre pessoas que viviam de maneira divergente à vida dentro da Igreja.

Uma dinâmica recente, que associa elementos do Índex de livros proibidos e da excomunhão de fiéis pela Igreja, é o chamado revisionismo histórico. O sentido consagrado do revisionismo tem caráter pejorativo, por estar associado a uma revisão ideologicamente orientada do passado. O exemplo clássico é o negacionismo do Holocausto por grupos reacionários e supremacistas, que contestam a historiografia sobre o extermínio dos judeus pelos nazistas na Segunda Guerra Mundial. Por sua gravidade, o revisionismo do Holocausto sempre foi combatido, antes e depois da era do cancelamento, por meio de campanhas para proibir a circulação de obras revisionistas e para excluir historiadores revisionistas dos círculos acadêmicos.

Recentemente, contudo, o revisionismo assumiu direção positiva, como forma de corrigir visões distorcidas e consolidadas de fatos históricos. É o caso da releitura do papel da princesa Isabel na abolição da escravatura no Brasil. Por tradição, a Lei Áurea era vista como um ato concessivo, liberal, de uma integrante da família imperial, celebrada como única protagonista da abolição. Os grupos identitários, porém, contestam essa versão elitista da história brasileira, restaurando o papel de abolicionistas negros, como Luiz Gama, André Rebouças e José do Patrocínio, na emancipação dos escravizados – e cancelando obras que ainda carregam a visão colonial, destinada a manter os afrodescendentes como coadjuvantes da própria história.

No Brasil, essa atitude de revisionismo positivo também tem aparecido nas discussões sobre o que fazer com livros importantes, que são parte da cultura nacional, mas trazem conteúdos racistas tolerados no passado, como acontece com algumas obras claramente racistas e eugenistas de Monteiro Lobato.

O fenômeno, porém, que antecipa de modo mais claro o cancelamento é o boicote. Com a conotação de protesto, o termo deriva do nome do capitão Charles Boycott, que representava os interesses de um lorde britânico, dono de terras arrendadas a agricultores na Irlanda do século XIX. Diante da tentativa do proprietário de transferir aos arrendatários os prejuízos de uma safra com baixas colheitas, os agricultores se insurgiram, deixaram de trabalhar nas terras e nas instalações do senhorio. A tática foi apoiada e seguida por empresários da comunidade local (que deixaram de fazer negócios com Boycott) e até pelo carteiro (que não entregava mais sua correspondência).

A força daquela atitude e sua relevância simbólica criaram o substantivo "boicote" e o verbo "boicotar", cuja prática se assemelha ao cancelamento tanto pela dinâmica quanto pela inversão de poderes: grupos socialmente oprimidos reagindo de modo coordenado contra o opressor e isolando-o social e economicamente.

O boicote é uma forma de constrangimento negativo por meio do veto, da recusa. Quem boicota deixa de colaborar com uma empresa ou instituição; rejeita produtos, relações comerciais, parcerias; não comparece a eventos sociais, manifestações públicas e atos políticos. Foi o que aconteceu, por exemplo, em 1915, quando Mahatma Gandhi promoveu um boicote a produtos britânicos, na época em que a Índia era uma colônia da Inglaterra, dando início a um processo de independência que seria concluído apenas em 1947. Ou quando Martin Luther King Jr. conclamou a comunidade negra do Alabama, nos Estados Unidos, a boicotar uma companhia de transporte, quando em 1955 uma mulher afro-americana, Rosa Parks, havia sido presa depois de se recusar a ceder seu lugar a um homem branco num de seus ônibus.

As ações de cancelamento também incluem boicotes, como ocorre em relação a iniciativas de instituições que segregam negros, mulheres e pessoas LGBTQIAP+, ou a produtos que têm na sua cadeia a exploração de mão de obra análoga à escravidão, assim como empresas que não têm políticas inclusivas, que reproduzem clichês de linguagem sexista ou racista na sua comunicação. A grande diferença é que, no cancelamento, os grupos que reagem não se restringem àqueles atingidos, de modo direto, pela prática ofensiva. O poder propagador das redes sociais promove um engajamento mais amplo, disseminado no espaço. Num mundo em que o produto é uma imagem que circula globalmente, é possível boicotar – ou cancelar – globalmente. Criar uma solidariedade digital sem fronteiras geográficas e sem precedentes históricos.

Precisamos reconhecer e considerar os efeitos nocivos desses séculos todos nos quais os processos de apontar, constranger, anular e punir grupos oprimidos foram parte estruturante e dominante da humanidade e a maior ferramenta de manutenção de *status quo*. Em *A Sociology of Shame and Blame: Insiders Versus Outsiders*, Graham Scambler destaca o uso da estigmatização como arma e reforça: "*para a estigmatização acontecer, poder precisa ser exercido*". Esses processos de opressão estão ainda ativos e operantes, fortes e financiados. E isso se nota pela força que o ultraconservadorismo adquiriu mais uma vez no mundo enquanto também reação às transformações sociais progressistas. É reação, e a palavra reacionário nunca fez tanto sentido. É o sistema tentando corrigir, ressintonizar o rumo. É a guerra cultural organizando suas trincheiras.

Capítulo 3.
Brasil, uma nação cancelada

Assim como o cancelamento tem nuances antecedentes na história ocidental que antecipam, ao menos na dinâmica, sua forma, o Brasil, fruto de um dos processos mais longos e agressivos de colonização já vistos na história da humanidade, tem marcas de exploração, opressão, controle social – e sobretudo violência –, que devem ser encaradas e que deram aspecto local aos nossos modos de cancelar e de ser cancelado, as quais, portanto, precisam ser analisadas.

Não é exagero dizer que o Brasil nasceu sob o signo do cancelamento. A exclusão está na gênese do país, transformado depois de um longo processo de colonização.

Embora não seja consenso entre historiadores, a versão mais aceita e difundida é a de que o nome "brasil" deriva de pau-brasil, uma árvore nativa da Mata Atlântica, da qual se extrai uma resina vermelha utilizada para tingir tecidos. Correta ou não, essa etimologia entrou no imaginário nacional e indica um mito de origem: o vasto território no qual desembarcaram as tropas comandadas por Pedro Álvares Cabral em 1500 foi visto desde sempre como seara do extrativismo, como celeiro de produtos naturais e jazida de minerais que eram levados, manufaturados e comercializados pela metrópole portuguesa.

Não há poesia no nome do nosso país como os antigos livros infantis de história insistiam em nos ensinar. Pelo contrário, desde o início o signo foi de extração, e a partir de então se deu início também a um dos processos mais cruéis da colonização portuguesa: o genocídio real, cultural, epistemológico e social dos povos indígenas originários da nossa terra. Cancelamento é nada perto disso.

Os traços predatórios da exploração colonial podem ser encontrados ainda hoje nas modalidades do capitalismo brasileiro, principalmente em momentos em que surtos de industrialização sofrem um refluxo que reconduz o país à condição de exportador de *commodities*, em geral de um setor agrário com baixa regulamentação da mão de obra. O Brasil de 2022 está preso ainda na sua condição histórica de oferecer produtos extrativistas e mão de obra barata.

O ponto mais trágico e que define esse modelo de exploração foi o regime escravocrata, que começou já em 1535 e fez do Brasil o país com maior contingente de negros escravizados do mundo. Como sintetiza Laurentino Gomes no primeiro volume de *Escravidão*, o Brasil recebeu 40% dos 12,5 milhões de embarcados da África para a América, ou seja, cerca de cinco milhões de pessoas. E foi o último país do continente americano a abolir a escravatura, em 1888.

A escravidão operou em diferentes âmbitos, desde a violência da escravização de adultos e crianças africanas e a alta taxa de mortalidade dos indivíduos no trajeto em navios negreiros até a privação da liberdade, as violências cotidianas, as torturas, o estupro de mulheres e as condições desumanas de trabalho não remunerado, redundando numa baixíssima expectativa de vida para a população negra. Tudo isso é conhecido e corresponde a um dos capítulos mais trágicos da história humana. Temos também que destacar como as formas de exclusão social e racial promovidas pela escravidão continuam ecoando no nosso presente.

O Brasil tem cerca de cento e quinze milhões de pessoas pretas ou pardas, conforme dados do IBGE de 2019, o que faz do país o segundo do mundo com maior população de origem africana, só perdendo para a Nigéria, na própria África. Apesar disso, a maioria absoluta da população brasileira é minorizada pela desigualdade econômica e pela falta de representatividade política, com consequências na baixa escolaridade e na sua ínfima presença nos cargos de direção de empresas e instituições públicas e privadas. Isso deveria ser evidente.

Menos evidente é que existe um paralelo entre o processo de desumanização e o processo de escravização que objetifica os corpos escravizados, transformando-os em mercadoria. Isso ocorre pelo fato de se naturalizar essa população ao trabalho braçal, o que, consequentemente, faz pessoas negras e pardas ocuparem a maior parte dos subempregos, morarem em periferias e responderem pelos mais altos índices nas estatísticas de vítimas de violência, incluindo aí a própria violência policial e do Estado, que segue firme e forte através dos séculos.

Entre tantas consequências nefastas da escravidão, o estabelecimento do racismo estrutural é a maior delas. A expressão foi cunhada pelo sociólogo e educador Carl E. James com base em pesquisas em comunidades marginalizadas em Toronto, no Canadá. No Brasil, foi difundida pelo advogado e filósofo Silvio Almeida para caracterizar a permanência de formas assimétricas de interação social herdadas do regime escravocrata e consolidadas por práticas de dominação que carregam – consciente ou inconscientemente, de forma deliberada ou automática – o discurso racista que legitima tal assimetria.

O processo de exclusão racial por meio do qual se construiu o Brasil, a partir do colonialismo e da escravidão, fez nossa ideia de nação surgir com a marca da subordinação e do silenciamento.

Durante o período de colonização, Portugal exigia que todos os produtos da colônia passassem pelas alfândegas da metrópole, proibindo a criação de instituições de ensino superior, de órgãos de imprensa e de editoras – vetando a importação e a venda de livros. O ensino ficava a cargo de jesuítas a filhos de portugueses abastados, que vivam no Brasil, mas completavam seus estudos na Europa.

A situação mudou um pouco quando, depois da invasão napoleônica de Portugal, a família real se transferiu em fuga para o Brasil e fez do Rio de Janeiro a capital do Império. Com o decreto de abertura dos portos, seguiu-se a criação da Imprensa Régia e a autorização para a criação das primeiras instituições de ensino e para a publicação de jornais – porém, sob controle da Coroa. Na prática, entretanto, as escolas eram frequentadas apenas por filhos da nobreza lusitana ou da aristocracia brasileira e os jornais foram submetidos à censura prévia até a regulamentação da liberdade de imprensa em 1821 – não por acaso, ano do retorno da família real a Lisboa.

A subjugação da mão de obra pelo modelo escravocrata tinha como contrapartidas, portanto, restrições à formação educacional ou ao pensamento crítico e a proibição da livre manifestação para a totalidade da população. As consequências sociais e políticas desse exercício de poder são óbvias: uma população mantida a ferro e fogo, silenciada, estigmatizada e estruturalmente enfraquecida, sem direitos nem ferramentas para contestar ou desenvolver o pensamento crítico.

Com a independência do Brasil, em 1822, esse contexto se altera com lentidão. Surgem jornais independentes, uma opinião pública que contesta a ordem estabelecida e pressões por representatividade que levam a movimentos pela abolição da escravatura e da própria monarquia. Mas o estrago está feito. O caráter oligárquico, autoritário, patriarcal e racista está entranhado no imaginário brasileiro.

Esse sistema de desigualdade naturalizada teve consequências tanto concretas quanto ideológicas. Num primeiro momento, o sistema político impede a participação; a exclusão educacional e a censura inibem a reação. Num segundo momento, todo trabalho passa a ser livre e o direito ao voto se amplia, mas apenas formalmente: só homens livres com renda comprovada segundo parâmetros excludentes têm direito ao voto, em detrimento de analfabetos, pobres, quase sempre ex-escravizados, indígenas e mulheres. A condição socioeconômica deixa de ser efeito do sistema de poder e torna-se causa e pretexto ideológico para a exclusão política.

Nesse jogo em que se dá com uma mão e se tira com a outra, o povo negro ganhou a liberdade, porém, impossibilitado de se inserir no mercado de trabalho, podia ser preso por qualquer motivo por causa de diferentes dispositivos legais que, antes da abolição, serviam para encarcerar negros que nasceram livres, mas que continuaram vigentes, com variações, até o início do século XXI. E o indígena, cuja escravização tinha sido abandonada por não propiciar os lucros do tráfico negreiro – mais rentável do que a própria exploração da mão de obra em si –, foi confinado a uma tutela que excluía seus direitos políticos, só reconhecidos plenamente na Constituição de 1988.

O Brasil é, enfim, um país que cancelou direitos de forma generalizada, fazendo do cancelamento digital – como ocorre nas redes sociais atualmente – um exercício ao menos simbólico de vozes silenciadas. O fato é que essas exclusões concretas e seculares deixaram um rastro que envenena as relações sociais até hoje, contaminando inclusive decisões jurídicas – ou julgamentos pela opinião pública, que parecem autos de fé inquisitoriais.

Um dos maiores exemplos de construção simbólica enviesada na história do Brasil é Tiradentes. Hoje em dia, Joaquim José da Silva Xavier é celebrado como Patrono Cívico do Brasil, por ter participado da Inconfidência Mineira – movimento do século XVIII que foi precursor da independência do país. No entanto, o fato de ele ter sido o único inconfidente condenado à morte guarda sinistras, e esperadas, relações com sua extração social. Os demais conspiradores – como os poetas Cláudio Manuel da Costa e Tomás António Gonzaga – eram homens ricos e membros da alta sociedade. Tiradentes, ao contrário, não passava de um simples alferes (militar de baixa patente), além de ser tropeiro, minerador e especialista na extração de dentes (daí seu apelido).

Delatado por traidores, foi enforcado em praça pública e esquartejado por crime de lesa-majestade, ou seja, ameaça à integridade do soberano. E, apesar de ter sido santificado como mártir quando a República derrubou a monarquia, a condenação de Tiradentes não deixa de ter as marcas da assimetria social: enquanto os inconfidentes privilegiados, formados em Coimbra, foram poupados pela justiça, ele se tornou o bode expiatório da subversão contra a Coroa.

Tiradentes é o mais famoso nome na galeria de bodes expiatórios do Brasil, mas está longe de ser o único. Há muitos outros que não tiveram a sorte de uma revisão histórica, e que nunca foram revalorizados e canonizados como mártires pela cultura oficial, por uma razão bem simples: ao contrário de Tiradentes, que era um homem branco, eles eram quase todos pretos.

O poeta simbolista Cruz e Sousa, que muitos críticos literários colocam ao lado de autores como Rimbaud e Verlaine, é um caso de talento que foi sistematicamente boicotado por ser um homem negro que ousou penetrar no clube dos escritores brancos das elites brasileiras. Filho de escravizados alforriados, o autor das obras-primas *Missal* e *Broquéis* nasceu em Nossa Senhora do Desterro (atual Florianópolis) em 1864 e destacou-se como aluno brilhante numa escola frequentada pela elite local – mas logo se deparou com obstáculos. Nomeado promotor público em Laguna, no sul de Santa Catarina, foi impedido de assumir o cargo por causa da indignação que sua indicação provocou nos habitantes locais.

Cruz e Sousa rumou então para o Rio de Janeiro, supostamente cidade menos provinciana e preconceituosa, mas só encontrou emprego como arquivista da estrada de ferro Central do Brasil. Enquanto outros escritores, de quem ninguém mais se lembra, faziam sucesso na capital, o poeta que lançou a poesia simbolista no país morreu na miséria em 1898, tendo seu corpo trasladado num vagão para transporte de animais.

Engana-se, no entanto, quem acredita que Cruz e Sousa se calou diante do silenciamento com relação à sua arte. O poeta do Desterro viveu, escreveu e se engajou na causa antirracista em plena vigência da política de "branqueamento" da população pelo governo brasileiro, escorada em doutrinas eugenistas e teorias deterministas que associavam a mestiçagem à degenerescência. Branqueamento que, aliás, pode ser considerado outro elemento estrutural do cancelamento à brasileira.

Escritores da importância de Machado de Assis e Lima Barreto eram ambos racializados. O primeiro se institucionalizou como fundador da Academia Brasileira de Letras (sem prejuízo do sentido socialmente crítico e literariamente revolucionário de sua obra) e foi submetido a um processo de branqueamento de seus registros fotográficos. O segundo viveu na marginalidade e teve sua imagem associada ao alcoolismo e à loucura.

Já Cruz e Sousa teve formação clássica e foi intelectual e poeta de primeira ordem. Na impossibilidade de ignorar sua etnia ou estigmatizar sua biografia, a saída foi boicotar sua atuação pública e excluí-lo, em vida, do panteão das Letras, mergulhando Cruz e Sousa na obscuridade – e, com ele, todos os descendentes de escravizados que ostentaram sua negritude e tiveram a audácia de se colocar como iguais.

Bem mais próximo de nós no tempo, o jogador Moacir Barbosa Nascimento se tornou um exemplo arquetípico da figura do bode expiatório associada à culpabilização seletiva do negro. Ouvi esta história dos meus amigos que acompanham futebol: Barbosa era goleiro da seleção brasileira na Copa do Mundo de 1950, a primeira disputada no país. Segundo um regulamento bem diferente dos torneios atuais, o Brasil chegou à final precisando apenas de um empate contra o Uruguai e abriu o placar diante de uma multidão estimada em duzentos mil torcedores no estádio do Maracanã, construído especialmente para a Copa. Num intervalo de menos de quinze minutos, porém, os uruguaios viraram o marcador e deram o bicampeonato mundial à seleção celeste.

Há vários relatos do sentimento de desolação que tomou a torcida, mergulhando o Maracanã num silêncio sepulcral, que contrastava com a lotação do estádio, segundo a Fifa, ainda hoje o recorde de público numa partida de futebol.

O episódio ficou conhecido como "Maracanazo" e representou uma ferida no orgulho nacional, para o qual logo se elegeu um culpado: o goleiro Barbosa. Como é comum em fracassos futebolísticos, parte da torcida, sobretudo a do Vasco, clube de Barbosa à época, apoiou o goleiro – seu ídolo, afinal –, e outra parte dela jogou a culpa toda em Barbosa, transformando-o em seu algoz. Barbosa, por sua vez, no meio, optou por defender a seleção até sofrer uma fratura e cair em depressão.

Os transtornos que acompanharam Barbosa até o fim da vida não se devem apenas a infortúnios dentro de campo. Conforme passava o tempo, foi-se consolidando a ideia de que jogadores negros não eram adequados à posição de goleiro, que exige frieza, segurança e equilíbrio emocional. No subtexto de discussões de boteco e crônicas esportivas estavam as antigas teorias pseudocientíficas de determinismo racial, que distinguiam a racionalidade branca e o caráter "instintivo" do negro – um estereótipo ainda hoje vigente: o jogador negro é criativo, habilidoso e forte fisicamente, mas não consegue ser racional e aplicado taticamente como os atletas brancos.

O próprio Barbosa costumava lembrar que certa vez, numa padaria, uma mãe acompanhada do filho apontou para ele e disse à criança: "Esse homem que fez o Brasil chorar". E, de forma ainda mais amarga, o ex-goleiro descrevia assim sua condição de bode expiatório: "No Brasil, a pena máxima [de prisão] é de trinta anos, mas pago há quarenta por um crime que não cometi".

Outro exemplo emblemático de pessoa negra transformada em bode expiatório também vem do universo do futebol, mas nesse caso a etiqueta racista se somou ao preconceito sexista contra uma artista: a cantora Elza Soares. Nascida em 1930 na favela carioca de Moça Bonita (atual Vila Vintém), Elza foi casada com o jogador Mané Garrincha, bicampeão mundial pelo Brasil (1958 e 1962) e considerado o maior gênio do futebol brasileiro, ao lado de Pelé. Ao contrário do "rei", porém, Garrincha conviveu com o alcoolismo, que deteriorou sua saúde e encerrou de forma melancólica sua carreira.

Elza já havia sofrido violência doméstica em seu primeiro casamento, com um marido de quem engravidou aos 12 anos. Cerca de dez anos depois de tornar-se viúva, conheceu o craque, com quem manteve um relacionamento também marcado por agressões físicas. Apesar disso, a cantora foi acusada de provocar a dissolução do primeiro casamento de Garrincha e, pior, de ser responsável por sua depressão e pelo agravamento de seu alcoolismo. Homem não erra, e a culpa ficou com ela. Mais recentemente, antes da sua passagem, Elza Soares lançou dois álbuns que respondiam com firmeza aos ataques misóginos e racistas que recebeu ao longo da vida, *Deus é mulher*, em 2018, e *Planeta Fome*, em 2019.

Entre perseguições do regime militar (por ser associada aos ex-presidentes Juscelino Kubitschek e João Goulart, deposto pelo golpe de 1964) e hostilidades de torcedores que a culpavam pela decadência do jogador, Elza Soares morreu em 2022 aos 91 anos –, por ironia, no mesmo dia e no mesmo mês que Garrincha. O fato de ter sido celebrada como uma das grandes vozes negras da música brasileira não apaga a dupla humilhação pela qual Elza passou: no âmbito privado, ela sofria com as traições, crises de ciúmes e agressões de Garrincha; na esfera pública, era estigmatizada como "a outra" com uma intensidade em que se percebe o racismo do qual havia sido vítima no início da carreira, sendo barrada em shows e gravadoras por ser negra.

O estigma racial associado à misoginia é uma das formas mais recorrentes de exclusão simbólica na sociedade brasileira. É tão persistente que, até mesmo quando surgem os movimentos identitários, os movimentos negros e feministas que começam a virar o jogo, reaparece de modo perverso como "estigma positivo". O maior exemplo é o da escritora Carolina Maria de Jesus – moradora de favela e catadora de lixo – que arrebatou a cena cultural e literária quando publicou *Quarto de despejo*, em 1960. O livro é até hoje saudado como um acontecimento, mas por um viés redutor: Carolina é definida como "escritora favelada"; sua obra é valorizada pelo teor testemunhal e "exótico". As reflexões que ela faz sobre as contradições sociais brasileiras surpreendem pelo fato de partirem de uma mulher negra, sem formação clássica e marginalizada, não pela agudeza incomparável de sua escrita.

A história da publicação de *Quarto de despejo*, porém, revela outra perversão. Pois, se o livro foi publicado graças ao esforço do jornalista Audálio Dantas, que conheceu Carolina durante uma reportagem na favela Canindé, durante décadas circularam insinuações maliciosas de que ele mesmo teria escrito os textos – uma acusação que o próprio Audálio rejeitou veementemente, mantendo-se sempre discreto em relação ao seu papel na difusão da obra, de modo que não fizesse sombra ao valor da própria escritora.

Colocar em xeque a autoria de *Quarto de despejo* é mais um capítulo do apagamento das histórias negras (sobretudo de mulheres negras) e do estigma que tenta fazer de pessoas pretas incapazes, cuja voz só ecoa pela mediação condescendente de quem ocupa postos de poder nos meios de comunicação.

Objeto de teses acadêmicas e de exposições em centros culturais, Carolina Maria de Jesus foi precursora de uma valorização da literatura negra e periférica que hoje já não pode mais ser ignorada e que saiu das margens das cidades para ocupar o centro do debate cultural – embora ainda tenha sentido ambíguo, ainda carregue o fato de ser classificada como "literatura negra", e não, de modo intransitivo, apenas como literatura, a ser lida e cotejada como outras obras do cânone literário.

Assim como Carolina Maria de Jesus, a nação brasileira, originária, negra, mestiça, já nasceu cancelada. Em quinhentos e tantos anos de existência, opressões, exílios, torturas, assassinatos e cancelamentos autoritários, poucos foram os respiros de transformação, e o público-alvo foi sempre o mesmo.

Em 2002, a eleição de Lula à Presidência da República parecia mudar o jogo ao colocar no poder um homem do povo, com discurso e prioridades diferentes do que vinha sendo colocado em prática no Brasil desde a sua fundação. Era uma cara nova no poder, uma gente nova no Planalto. E talvez nunca antes na história deste país tenha sido possível ver a grande articulação das estruturas que secularmente dominam o Brasil para cancelar um homem e um partido político. Oligarquias, mídia, corporações, Faria Lima, juízes e procuradores pesaram a mão de modo implacável para dar o recado: voltem para o chão da fábrica, voltem para a cozinha. Lula foi preso num processo que hoje foi comprovado ter sido irregular. O ódio cultural foi alimentado de forma quase irreversível por meio de *news* e de *fake news* anabolizadas por investimentos privados de oligarquias conservadoras.

Finalizo este capítulo depois das eleições de 2022. Apesar de todo esse processo de cancelamento e de combate, Lula foi eleito Presidente da República pela maioria dos brasileiros, para um inédito terceiro mandato. O poder do afeto e da imagem emotiva de Lula em relação às camadas mais pobres da população garantiu a vitória contra todos os artifícios possíveis, legais e ilegais, que o dinheiro do *status quo* pode comprar.

Ainda assim, a extrema direita elegeu um número considerável, e também inédito, de senadores e deputados, e algumas centenas de pessoas foram às ruas, apoiadores de Bolsonaro, para pedir uma "intervenção federal", um golpe militar. No momento em que finalizo o capítulo, são noticiados indícios de que essas manifestações são financiadas pelo empresário brasileiro, que não aceitou a volta do partido dos trabalhadores ao Governo. É isso: Brasil, uma nação cancelada. *E la nave va.*

Capítulo 4.
As revoluções através dos tempos

Sem conflito não há mudanças, sem revolução não há transformação. O engajamento social em movimentos de transformação, em guerras culturais ou em geral, em demandas e lutas por poder ou simplesmente pela própria existência é o principal combustível dos movimentos que moldam a nossa sociedade e que nos trouxeram até o ponto em que estamos hoje.

Seja pegando em armas, imprimindo jornais e produzindo textos, seja pelo voto ou por manifestações, são os grupos sociais reunidos e articulados que fazem o jogo do poder de tempos em tempos se reequilibrar, se ajustar e se adaptar à contemporaneidade e às necessidades da população que vive o presente.

No passado, houve inúmeras insurreições, tentativas de revoluções sociais, mas em geral elas careciam de uma forma de sustentar suas reivindicações no longo prazo e faziam das camadas populares uma massa de manobra. Assustavam os detentores do poder, que se viam obrigados a fazer concessões, mas não alteraram fundamentalmente o *status quo*. Um exemplo dessas sublevações foi a Revolução Gloriosa, que acabou com o absolutismo na Inglaterra do século XVII, mas terminou pela adoção da monarquia parlamentar –, um rearranjo político-institucional, não uma alteração profunda.

E, no Brasil dos séculos XVII ao XIX, tivemos uma infinidade de revoltas de alcance limitado, precursoras de mudanças que só se efetivaram na virada para o século XX. As lutas por libertação de escravizados representadas pelo Quilombo dos Palmares (na década de 1670) ou pela Revolta dos Malês (na Bahia de 1835) terminaram em derrota dos revoltosos e só foram celebradas, retrospectivamente, depois da Abolição.

Levantes como a Revolução Pernambucana (1817) ou a Sabinada (também na Bahia, entre 1837 e 1838), que pediam independência, autonomia ou até mesmo a transição para um regime republicano, tiveram curta duração. E, em geral, eram capitaneadas por elites locais, militares ou estratos de classe média que mobilizaram excluídos, que, é provável, continuariam excluídos no caso de um desenlace favorável. Uma das exceções foi a Balaiada, que sacudiu o Maranhão entre 1838 e 1841. Com saques a fazendas e vilas, foi uma reação de fato popular à tirania das oligarquias, mas não tinha propostas políticas nem alcance territorial, sendo facilmente sufocada.

Assim como Canudos, Antônio Conselheiro engajou como ninguém a população do sertão e desafiou o poder local criando uma sociedade paralela, independente e sustentável. O engajamento religioso do povo de Canudos fez da vila um dos maiores exemplos brasileiros de luta e resistência, como também da força que as classes dominantes têm pelo domínio das armas para aniquilar não só um povo, mas também uma ideia.

O maior símbolo das revoluções foi aquele que, além de provocar uma mudança profunda nas estruturas de poder, abrangia uma classe social grande, numerosa, já com poder econômico, com programa filosófico, e produziu um impacto no imaginário – na forma de panfletos, manifestos, livros e representações pictóricas –, dando continuidade a seu ímpeto mesmo depois de sofrer retrocessos: a Revolução Francesa, que derrubou o rei Luís XVI em 1789.

Não é à toa que a Revolução Francesa inspirou ideais republicanos por toda a Europa e movimentos pela independência das colônias nas Américas (como a Inconfidência Mineira). Gravuras representando a queda da Bastilha, a iconografia em torno das execuções de nobres e contrarrevolucionários na guilhotina e a Marselhesa ganharam o mundo. E a distinção entre esquerda e direita, até hoje vigente no espectro ideológico, se deve à posição ocupada respectivamente pelos radicais jacobinos e pelos moderados girondinos na Assembleia francesa da época da Revolução.

A Revolução Francesa deu origem a uma indústria editorial, com livros e jornais clandestinos que difundiam seus valores e que, mesmo depois de períodos de refluxo – como o Império de Napoleão Bonaparte e a restauração da monarquia, agora parlamentar, em diferentes momentos –, continuaram alimentando revoluções (as barricadas de 1830, a Revolução de 1848, a Comuna de Paris de 1871) que instituíram a República na França em definitivo. Para além das armas, uma revolução se faz sobretudo com ideias, narrativas, mensagens e engajamento ao redor disso.

É bom frisar que, apesar da mobilização de camponeses e trabalhadores urbanos, a Revolução Francesa foi uma revolução burguesa, que deu poder real a uma classe econômica que não se via representada no Antigo Regime. No entanto, graças também à sua força simbólica, acabou insuflando movimentos efetivamente populares, como a Comuna de Paris, que esteve na iminência de instaurar um governo proletário no país.

As revoluções do século XIX também deslocaram o eixo das manifestações do campo para as cidades, para os grandes conglomerados urbanos das metrópoles, onde seu poder de irradiação foi amplificado pelos novos meios de comunicação: engajamento. A invenção do telégrafo em 1844 encurtou em até dois dias o tempo de transmissão e publicação das notícias pelos jornais, que antes levavam semanas ou meses para chegar por trem ou diligência. Na década de 1880, novas técnicas permitiram aos jornais estampar fotografias, que, a partir de 1921, passaram a ser transmitidas por telégrafo ou telefone.

Ao lado da criação do rádio, cuja massificação ocorreu a partir de 1927, as novas formas de comunicação, em "tempo real" e para grandes contingentes populacionais, passaram a ser usadas como instrumentos políticos. É significativo que o primeiro grande líder carismático do século XX tenha sido o jornalista Benito Mussolini, que foi diretor do periódico socialista *Avanti!* e fundou o próprio jornal, *Il Popolo d'Italia*, para conclamar as multidões em torno dos ideais fascistas criados por ele mesmo.

A uma sociedade de massas correspondiam veículos de comunicação de massa. E também censura política e propaganda política. É uma história de vaivém. A Primeira Guerra Mundial, que poderia ter significado um marco no jornalismo, foi um fracasso do ponto de vista da informação, pois a cobertura dos correspondentes foi severamente limitada (leia-se: censurada) pelos dirigentes políticos e pelos militares. Mas era um fracasso que assinalava a percepção da força da comunicação e da notícia, do perigo da difusão de versões não oficiais do que acontecia nas trincheiras e dos efeitos bélicos sobre a população civil.

Lideranças políticas refinaram seus instrumentos de comunicação. Hitler explorou suas virtudes teatrais e transformou os comícios nazistas em verdadeiras performances, hipnotizando as massas com seu discurso de ódio. E um dos pilares do chamado Terceiro Reich foi o Ministério da Propaganda, chefiado por Joseph Goebbels, responsável por criar uma indústria cinematográfica para difundir a ideologia nazista.

Tanto é assim que, no lado oposto do espectro ideológico, Hollywood se tornou um instrumento poderoso de celebração do papel dos Estados Unidos na Segunda Guerra Mundial. Nos campos de batalha, o Exército Vermelho da ex-União Soviética perdeu entre 8 e 10 milhões de militares, contra 400 mil norte-americanos. Nas telas de cinema, porém, os Estados Unidos são os grandes vencedores da guerra, os principais responsáveis pelos 5,5 milhões de soldados alemães mortos.

A máquina de guerra deu lugar à indústria cultural, que passou a ter na televisão o veículo responsável por divulgar o *american way of life* e valores de consumo que fizeram da produção artística uma mercadoria.

Em sociedades livres e abertas, porém, esse cenário ampliou a possibilidade de contestar a propaganda política oficial e a própria indústria cultural. Nos anos 1960, surge uma contracultura, simbolizada pelo movimento *hippie*, que se escora nas notícias que chegam do *front* da Guerra do Vietnã para exigir o fim da intervenção norte-americana no sudeste asiático.

A revolução dos costumes e a força da opinião pública prepararam o terreno para novos protagonistas da cena pública. Grandes comícios pelos direitos civis dos afro--americanos transformaram Martin Luther King Jr. e Malcolm X em personalidades globais. Marchas feministas ou LGBTQIAP+ e, na América Latina, manifestações contra ditaduras militares deram uma visibilidade a minorias e grupos que não podiam mais ser ignorados, pois mostravam poder de voto e, mais importante, tinham um poder de persuasão que conquistava a simpatia da opinião pública.

Já ali, emissoras de TV e rádio, indústria cinematográfica, jornais e revistas de grande circulação constituíam um canal controlado por grandes corporações. Atendiam a expectativas do leitor ou espectador, podiam alterar a linha editorial ou a programação de acordo com pesquisas de satisfação, sondagem de tendências ou índices de audiência, procedimentos que muitas vezes equiparavam o jornalismo ao consumo de entretenimento, porém mantinham o sentido vertical de um canal de comunicação em que emissor e receptor eram instâncias bem definidas.

Com a internet, tudo se intensifica

O surgimento da internet não apenas ampliou o acesso universal às informações, quebrando o monopólio de cadeias jornalísticas, como tornou mais horizontal a própria produção de conteúdo. A partir daí, cada usuário da net se tornou um veículo de mídia potencial, para o bem e para o mal.

As primeiras manifestações populares que tiveram sua origem e sua relevância associadas à força das redes sociais e da comunicação digital – tais como *Occupy Wall Street*, Primavera Árabe e as ocorridas em junho de 2013 no Brasil – são alguns exemplos de como o choque de engajamento em diversos assuntos, temas e questões colocou milhões de pessoas nas ruas para se manifestar contra o sistema, sem focar necessariamente em demandas específicas. Milhões de pessoas que, de modo individual, cada uma com seu cartaz e mensagem, com suas dores e questões, se reconheceram enquanto massa e manifestação.

Temas antes excluídos do *mainstream* de mídias associadas a uma visão de mundo identificada com as classes sociais e os grupos econômicos que as controlavam passaram a disputar espaço com as manchetes dos grandes jornais e cadeias televisivas. Iniciativas sociais e acontecimentos antes ignorados, por serem "periféricos" e não atenderem às preocupações dos assinantes de classe média e alta de jornais ou de canais a cabo, ganharam uma visibilidade pulverizada, pautando eventualmente a grande mídia.

Um público que não se reconhecia nas telenovelas e nas propagandas se viu representado nas redes sociais. A opinião pública mostrou uma cara que não correspondia mais à plateia caricata dos shows dominicais de calouros e chacretes, mas à face indignada de quem estava isolado da sociedade e da própria mídia. A cena hip-hop e as organizações comunitárias mostraram que há manifestações artísticas e formas de sociabilidade vigorosas e paralelas ao aparato de um Estado omisso e à cultura divulgada pelas grandes mídias.

Em paralelo, proliferaram notícias produzidas sem as técnicas de apuração de repórteres profissionais e sem critérios de transparência. A neutralidade jornalística sempre foi um mito, e veículos de notícia sérios costumam explicitar suas preferências político-ideológicas em editoriais e manuais de redação, assumindo o viés pelo qual selecionam e avaliam os fatos a serem noticiados. O noticiário digital, porém, colocou a credibilidade em xeque. Gerações mais jovens, que nasceram na era da internet e não conheceram os processos de produção de notícia das mídias tradicionais, já não fazem distinção entre a matéria feita por um jornalista e a *fake news* criada por qualquer um.

Essa contradição ganhou proporções dramáticas com o surgimento das redes sociais. Orkut, Facebook, YouTube, Twitter, Instagram, Telegram e TikTok ampliaram a conectividade, a possibilidade de criar comunidades específicas e a produção de conteúdos que se retroalimentam, mas, por extensão, aumentaram o alcance das *fake news*.

Essas redes, que parecem o paraíso da liberdade de expressão, o eldorado da comunicação horizontal, não estão a salvo de manipulações. Com base em algoritmos que analisam o comportamento do consumidor e identificam seus interesses, a mão invisível das redes sociais determina quais conteúdos e quais páginas aparecem na linha do tempo das contas individuais. Assim como técnicas criminosas de manipulação desses algoritmos foram desenvolvidas com o uso de *bots* ou de perfis automatizados que simulam relevância de mensagens, falsas ou não, para aumentar seu alcance. O engajamento (na forma de buscas e curtidas de determinados assuntos) e os metadados (título, descrição, palavras-chave de um vídeo postado) circunscrevem a atuação dos usuários a uma bolha e se prestam à exploração econômica e política de quem pode monetizar esse domínio de informações.

O fenômeno também apresenta vetores contraditórios entre si do ponto de vista de seu significado político. De um lado, como a escala da operação é global, os números absolutos de seguidores e seguidos agrupados pelos algoritmos podem chegar à casa dos milhões de usuários e criam a ilusão de que as postagens compartilhadas têm um peso estatístico maior do que na realidade objetiva. Vem daí o fenômeno de movimentos sociais que parecem ter uma força avassaladora nas redes e que, quando colocados à prova em eleições e plebiscitos, são derrotados, revelando seu alcance restrito. De outro, uma bolha virtual com milhões de pessoas engajadas em causas e convicções não pode ser ignorada, mesmo quando é minoritária no conjunto de uma população. Mais do que isso: *o engajamento torna-se o próprio conteúdo da bolha*. Um grupo minoritário que manifesta de forma empenhada e militante suas expectativas tem muito mais repercussão e efetividade do que uma população majoritária que não manifesta de modo claro seus anseios (ou só o faz periodicamente, na época de eleições ou referendos). Nesse caso, há um desejo difuso e passivo; naquele, um desejo quantificável e positivo.

É nesse contexto que os grupos identitários se inscrevem, apoderando-se da mecânica das redes para provocar a própria tempestade algorítmica, que muitas vezes parte de um cancelamento. As guerras culturais encontram, enfim, um campo mais equilibrado para o fogo cruzado. Antes, porém, é preciso examinar o solo em que elas germinaram.

Capítulo 5.
Cultura, multidão e dinâmicas de rede

Cultura tem a ver, sobretudo, com identidade e comportamento. Como me vejo, como me comporto, como o outro me vê, como se comporta e como criamos interações entre nós e o meio. Como um povo se vê, como um povo se comporta. E a produção de cultura – assim como a de conhecimento, conteúdo, serviços, produtos e ideias – segue essa lógica. Para entender as variações e a evolução do comportamento humano em si, nada como analisar e observar como a produção cultural se desenrolou e traçar alguns parâmetros. A forma como o ser humano reage tem a ver com o modo de ele produzir, consumir e aprender.

**

O início da década de 1960 foi marcado pela trágica e súbita morte de Marilyn Monroe. Quem não se lembra da real cena mítica de Marylin cantando "Happy Birthday to You, Mr. President" para John Kennedy, em 19 de maio de 1962, em um evento televisionado para todo o mundo? A atriz foi o ícone máximo da cultura ocidental naquele período, a grande imagem de um tempo em que a mídia de massa estava totalmente concentrada no cinema e na política.

Meses depois de seu falecimento, em 1962, o pintor e cineasta norte-americano Andy Warhol começou a produzir imagens com base no rosto da estrela hollywoodiana.

A serigrafia sobre papel, técnica característica das obras de Warhol, ajudou a criar imagens seriadas do rosto de Monroe, posicionadas lado a lado, com cores vibrantes que contrastam entre si, quase como um processo de metamorfose da pessoa em imagem.

Uma das principais características do fazer artístico de Warhol era a apropriação das técnicas de produção em massa que dominavam a cena capitalista no *boom* econômico do pós-guerra. Era quase um deboche ao *establishment* das belas-artes. Para se ter uma ideia, a imagem de Monroe foi reproduzida 250 vezes, cada exemplar assinado e datado por Warhol, que as criava com os assistentes de seu ateliê, Factory Additions. A denominação "Factory" não foi escolhida por acaso, visto que o local em que as serigrafias eram fabricadas era uma verdadeira linha de montagem em que o artista não precisava participar, de modo direto, da feitura de sua obra.

Monroes estampadas repetidamente dão a impressão de banalidade, iconização do igual, repetição de padrões, objetificação. Expressam a essência da cultura de massas, conceito que, por hábito, é associado a uma forma de organização social que tem como premissa o assujeitamento, isto é, a supressão de expressões individualizadas. Ao mesmo tempo, iconiza indivíduos, transforma e reduz toda uma personalidade, uma vida inteira de dramas, sucessos, vitórias e derrotas, expressões, lágrimas, sorrisos e maquiagem, num ícone que se torna, eventualmente, maior do que a própria existência da sua modelo. Quanto de verdade está naquela imagem? A quem ela serve?

É nesse contexto que se insere também a indústria cultural, operando numa lógica de produção seriada de objetos de consumo (qualquer semelhança não é mera coincidência com as obras de Andy Warhol), para uma massa tão obscura e interessante quanto uma mina de ouro: os consumidores.

A lógica da cultura de massas se baseia em pasteurizar os desejos e anseios de seus consumidores, derrogando sua capacidade de fazer juízos críticos, objetificando a sua vontade: *Factory Additions*. A individualidade não encontra, nesse cenário, sequer uma fresta para se expressar. Que dirá as vozes identitárias das minorias, que, além da condição natural de "anônimas" somente por estarem inseridas na cultura de massas, nasceram apenas como números de consumo em uma sociedade que nunca as reconheceu pelo que são.

Se a cultura e a mídia de massas apareceram num contexto de apagamento do indivíduo, seja em um momento mais radical, em fenômenos populistas ou fascistas, seja mais recentemente, com o consumo de massa e a indústria cultural, o surgimento das redes sociais virou o jogo. A capilaridade, a horizontalidade e o poder de engajamento da internet e das redes sociais transformaram o consumidor passivo da sociedade de massa, que era anônimo, desconhecido, objeto, em sujeito.

Hoje, o maior valor não está só na iconização oligárquica, muito menos no consumo de narrativas massificadas. O valor está, de fato, nas micronarrativas, visíveis tanto nos costumes e nas roupas das tribos urbanas quanto nas reivindicações pulverizadas dos discursos identitários de grupos alvos de histórica opressão.

Essa dinâmica começa a acontecer quando o indivíduo, antes silenciado, passa a se apropriar da internet sobretudo com o surgimento das plataformas de *creators* e redes sociais.

As páginas pessoais e as redes sociais se tornaram a grande arena. Indivíduos cuja opinião antes só aparecia na seção de carta dos leitores, quando mandavam suas mensagens aos jornais (e, ainda assim, sujeitas a moderação do editor), ou que nem apareciam (minorias que sempre tiveram suas vozes silenciadas), passaram a compartilhar o que pensam gratuitamente, sem filtro, em tempo real, para todo mundo ver.

Rede social é qualquer ambiente no qual as pessoas possam entrar em contato com outras e partilhar conteúdo, muitas vezes em forma de vivências, informações, opiniões, experiências. Nessa lógica, uma sala de aula, um escritório ou até mesmo um jantar – quando as pessoas se reúnem ao redor de uma mesa para conversar, trocar olhares e impressões sobre o seu dia a dia – são também redes sociais. Esse comportamento humano define a vida em sociedade, a ideia de que todos estamos conectados e de que cada existência individual se materializa por meio da interação social. A internet nada mais fez do que potencializar essa situação e estendeu seus horizontes ao infinito, chegando ao que hoje é a base da forma como nos relacionamos com os outros.

Nesse império sem território, sem fronteiras nem exércitos, a própria ideia de povo (ou massa) é substituída pelo conceito de "multidão". No meu livro *Eu, eu mesmo e minha selfie*, apresento dois renomados sociólogos contemporâneos, Antonio Negri e Michael Hardt, para explicar que o povo é uno e a multidão é múltipla. Ou seja, a multidão é composta de inúmeras diferenças internas que nunca poderão ser reduzidas a uma unidade ou identidade única. Diferentes culturas, raças, etnias, gêneros, formas de trabalho, maneiras de viver, visões de mundo e desejos. A última década nos ensinou que uma multidão é composta de milhares de indivíduos que pensam de forma diferente.

Para não deixar de citar Fernando Pessoa:

> Tudo está em tudo. Em certos momentos muito claros de meditação, como aqueles em que, pelo princípio da tarde, vagueio observante pelas ruas, cada pessoa me traz uma notícia, cada casa me dá uma novidade, cada cartaz tem um aviso para mim. Meu passeio calado é uma conversa contínua, e todos nós, homens, casas, pedras, cartazes e céu, somos uma grande multidão amiga, acotovelando-se de palavras na grande procissão do destino.

A multidão é uma multiplicidade de todas essas variantes singulares, que encontram uma forma de se autogerir, num fluxo e refluxo de ideias e relevância, não mais totalmente orientadas por um líder, mas, sim, por uma constelação de indivíduos e suas próprias singularidades, que influenciam mais ou menos a direção das massas ao sabor do contexto e do algoritmo. A inteligência das massas está em saber considerar a singularidade de cada um.

Na época da chamada Guerra Fria, o mundo era dividido de modo mais ou menos claro entre direita e esquerda, capitalistas *versus* comunistas, conservadores *versus* progressistas. Com a queda do muro de Berlim, em 1989, e o desaparecimento do bloco comunista na Europa Oriental, essa temporária repartição se diluiu, dando lugar a lutas sociais mais pulverizadas, atomizadas.

No cenário contemporâneo, em que não há mais uma polarização entre dois impérios – Estados Unidos e União Soviética – e massas agrupadas em torno de setores sociais claramente identificáveis, o que vemos é um mundo ao mesmo tempo multipolar, com diferentes potências econômicas e/ou militares, e unificado pela rede da globalização. É o "império horizontal" de que falam Negri e Hardt, com sua multidão constituída por singularidades individuais e identidades singulares.

Trazendo essa reflexão do plano macro para o micro, hoje, de certa forma, as redes sociais permitem que cada um de nós tenha uma expressão única e singular. Dentro dos nossos respectivos microcosmos temos um público, um número de leitores, de visualizações e, claro, certa responsabilidade individual pelas opiniões que expressamos e informações que veiculamos. Responsabilidade infinitamente maior do que na época em que a nossa identidade se diluía nas identidades coletivas – e a dinâmica do cancelamento está aí para comprovar esse fato.

A rede social cria em cada um de nós e na bolha virtual em que habitamos uma nova possibilidade de singularidade. É uma via, ou infovia, de mão dupla.

De um lado, posso me expressar e me fazer ouvir no meio do turbilhão das vozes indistintas que compõem esse amálgama chamado "sociedade"; de outro, os algoritmos criados pelas redes sociais, que organizam as informações de acordo com o interesse de cada usuário, fazem tanto mensagens publicitárias quanto opiniões de grupos sociais ou comunidades virtuais aparecerem na minha linha do tempo como se fossem destinadas apenas a mim e a minha tribo. Como se meus anseios e convicções tivessem sido ouvidos por alguém de carne e osso. Como se o mundo ao redor tivesse uma curadoria criada especialmente para mim. Na realidade, estamos apenas na teia de um software programado para retroalimentar meus likes e visualizações, e os likes e visualizações dos outros, de forma que haja mais interação e engajamento.

Essa dinâmica nos faz acreditar que a nossa narrativa importa, faz sentido e é majoritária.

Para entender o que alimenta essas discussões que existem hoje e que, de certa forma, sempre existiram em torno de debates, polarizações e cancelamentos, é importante explorarmos mais o conceito e a história das guerras culturais.

Capítulo 6.
As guerras culturais

Em linhas gerais, as chamadas guerras culturais são a grande disputa social pelo controle dos valores sociais do Estado, ou seja, pelo controle de como o Estado acha que as pessoas devem se comportar. Costumam acontecer no embate progressistas *versus* conservadores e giram em torno, prioritariamente, de temas como religiosidade, etnia e sexualidade.

Como ideia, esse fenômeno começou a ser debatido na Alemanha do século XIX, mais especificamente em 1870, no grande embate entre o governo Bismarck e a Igreja Católica em relação à sua influência no Estado, era a Kulturkampf, a luta pela cultura. Esse momento na história da sociedade ocidental simboliza a disputa sobre que tipo de Estado, nação ou sociedade seria dominante: a secular e laica ou a religiosa e tradicionalista. Não que esse debate tenha surgido exatamente nesse período, mas, como ideia, o conceito foi formulado aí, no século XIX.

Na prática, é uma dinâmica social que vem de muito antes e que, como demonstramos nos capítulos anteriores, são fenômenos e debates que antecedem grandes revoluções, quase sempre envolvendo conflitos, golpes e violência. O sociólogo James Davison Hunter, falando com a revista *POLITICO* em 2021, sobre seu antológico livro de 1991, *Culture Wars: the Struggle to Define America*, diz mais ou menos assim: guerras culturais sempre precedem as guerras bélicas. Elas não necessariamente levam a guerras de verdade, mas jamais houve uma grande guerra sem que antes tenha havido uma guerra cultural, pois é o embate existencial sobre cultura e comportamento que oferece as justificativas para violência.

Em nosso tempo, o conceito de "guerra cultural" foi ganhando mais peso a partir do momento em que começou a ser usado, de modo escancarado, como estratégia de ganho de poder político. Depois do fim da Segunda Guerra Mundial, o que se viu no mundo ocidental, principalmente nos Estados Unidos, foi um grande desenvolvimento da ideia de democracia *versus* totalitarismo e, como consequência, um maior investimento na popularização da educação superior. O conhecimento e o debate público, antes nas mãos de uma pequena elite branca, passam a ser mais abrangentes, dando voz e relevância política às pessoas e questões que até então não tinham atenção dos holofotes. É o embrião do que acontece hoje com as redes sociais.

A partir daí, vemos grupos civis e de direitos humanos movimentando multidões, de poder econômico, espaço em mídia e, óbvio, eleitores. As grandes marchas por direitos civis nos Estados Unidos, nos anos 1950 e 1960, são um retrato desse período e também um registro do que acontece em situações assim: de um lado, a luta por um avanço social; de outro, os conservadores e tradicionalistas não só entrando na defensiva, mas também contra-atacando com violência para manter seus privilégios: *vide* Ku Klux Klan e o assassinato de Martin Luther King Jr.. Apesar das baixas e de tragédias, nessa guerra cultural, o campo progressista ganhou importantes batalhas.

Mais à frente, em 1989, outro fato cultural que marca a volta desse debate nos Estados Unidos e aponta para um reaquecimento na discussão em esfera pública: a censura prévia de uma importante exposição póstuma do fotógrafo Robert Mapplethorpe, em Washington. Esse episódio nos remete a acontecimentos parecidos no Brasil de quase trinta anos depois, com o cancelamento, em 2018, da exposição "*Queermuseu*: Cartografias da Diferença na Arte Brasileira" e a censura do livro *Vingadores – A Cruzada das Crianças*, de Allan Heinberg, pelo então prefeito do Rio de Janeiro e pastor da Igreja Universal do Reino de Deus, bispo Marcelo Crivella. Havia nesse livro uma ilustração de dois homens se beijando.

O que importa, o que se disputa aqui, é que tipo de Estado, de nação, de comportamento, *way of life*, será dominante. É o embate entre o secular, o laico, e o religioso, conservador, tradicionalista. Enquanto os conservadores veem essas mudanças de comportamento como uma ameaça à própria existência e à existência do seu modelo de vida, os grupos identitários, historicamente oprimidos e fora do jogo – e sempre na luta por seus direitos –, veem na guerra cultural um caminho sem volta, ou melhor, a única alternativa para assegurar sua plena existência, com segurança e garantias de direitos iguais e, até mesmo, do próprio direito à vida.

Quando transferimos esse debate para a capilarização e para as dimensões de um mundo inteiro de versos e metaversos conectados em rede, na busca por engajamento, relevância e poder, podemos afirmar, sem medo de errar, que as guerras culturais são os grandes combustíveis do engajamento político e social hoje, com soluções econômicas "comoditizadas" e sem grandes projetos de novos formatos políticos no horizonte. Discutir sexo, religião e preconceito tornou-se a isca capaz de atrair multidões de um lado ou de outro na arena eleitoral. Não é uma guerra de hoje, é uma guerra milenar, mas que atualmente, como nunca, foi transformada em estratégia de ganho político e de poder.

A dinâmica do cancelamento se insere nesse contexto de forma arrebatadora, pois, nessa guerra, o cancelamento é uma das grandes armas de mobilização em massa. Não por acaso, a visão sobre esse fenômeno varia de acordo com o lado da trincheira em que se está.

Em maio de 2021, o Pew Research Center, um *think tank* apartidário norte-americano, disponibilizou o relatório de uma pesquisa feita nos Estados Unidos sobre a cultura do cancelamento. Os resultados são surpreendentes apenas por atestar o óbvio. O estudo chama-se *Americans and, "Cancel Culture", Where Some See Calls for Accountability, Others See Censorship, Punishment* ("Americanos e a, cultura do cancelamento, onde alguns veem responsabilização, outros veem censura e punição", em tradução livre).

Uma das questões que a pesquisa analisa é a seguinte: "cancelar pessoas nas redes sociais é uma ação para responsabilizar alguém pelos seus erros ou trata-se de uma agressão injusta?". A maioria dos americanos – 58%, para ser exato – acredita que cancelamentos significam ações importantes para responsabilizar pessoas por seus erros, enquanto 38% creem que são agressões injustas. Contudo, quando a pesquisa detalha o público de acordo com suas orientações políticas, o cenário é outro: 59% dos conservadores pesam os resultados da pesquisa para a ideia de punição injusta, enquanto 71% dos progressistas levam o resultado para responsabilizações justas.

Dos 38% dos norte-americanos que consideram cancelamentos agressões injustas, 13% dizem que aqueles que cancelam "estão exagerando a reação" e 12% afirmam que se "trata de liberdade de expressão", por exemplo. Dos 58% que encaram o cancelamento como uma forma de responsabilização, os pontos de vista diferem diametralmente: para 17%, é um momento de ensinamento e aprendizado; para 10%, as pessoas devem pensar a respeito das consequências de suas falas.

O que essa pesquisa mostra nos Estados Unidos faz sentido também aqui no Brasil. As discussões sobre costumes, sexo, religião, raça e preconceito são utilizadas como ferramenta de engajamento político e polarização entre duas civilizações que, desde que o mundo é mundo, brigam para definir o rumo do Estado, das leis e das instituições: os que sempre estiveram no poder – uma elite branca, cis, tradicionalista e cristã – *versus* quem está fora dessa camada.

Com a evolução das ferramentas de comunicação, o debate global se desloca para a questão pessoal, existencial, tornando-se uma discussão sobre afirmação de identidades. No entanto, vale refletir: qual a necessidade disso num mundo tão grande? Há lugar para todos. Esse passo transcendental, porém, torna-se inviável exatamente pelo uso político desses debates para se acumular mais e mais poder político e econômico por meio da cisão social. Igrejas, partidos políticos, governos inteiros e toda a base da nossa estrutura política foram construídos em cima dessas guerras culturais, fluxos e refluxos da nossa dinâmica social.

Bem, qual é o fato novo nessa história? Nos últimos séculos, o poder de mobilização estava nas mãos dos poucos oligarcas e grupos que detinham os meios de comunicação e de pregação: mídia, Igreja e capital. O poder circulava por aí e o lado tradicionalista, em geral, esteve à frente dessas guerras culturais – vez ou outra perdendo espaço, como apresentado no capítulo sobre revoluções e engajamentos.

Hoje, com o indivíduo conectado em rede, com os grupos identitários mais organizados e com ferramentas de mobilização, engajamento e poder algorítmico, temos uma virada de jogo nesse debate cultural, e personalidades e grupos conservadores, até então poderosos e impunes, passaram a ser obrigados a pelo menos ter de lidar com a verdade e com os constrangimentos de uma exposição pública e os danos de uma reputação abalada.

As guerras culturais não acabaram nem estão vencidas. E o lado progressista ganha, com a possibilidade de provocar cancelamentos nas redes sociais, uma importante arma na grande batalha para garantir não só sua existência, como também a existência de seu modo de vida, de seus direitos e de sua visão de mundo.

Capítulo 7.
A encruzilhada de Wall Street

Toda a trilha percorrida neste livro nos traz a este momento. O ponto em que, contra tudo e todos que estão na zona de conforto, de impunidade e de privilégio, há uma virada de narrativa. Até então, a maioria das demandas era abafada e o medo silenciava toda e qualquer tentativa de debate. Assédio, homofobia, transfobia, racismo e xenofobia eram regras tácitas: *don't ask, don't tell*. A guerra cultural era uma guerra fria, em que o campo progressista tinha suas vitórias quando ia para as ruas.

As ruas são a grande timeline da sociedade. Ali, naquelas linhas retas, nas suas curvas e encruzilhadas, o engajamento se materializa em passeata, manifestação, bloqueio e confronto. Apoiadores juntam-se com vítimas, cartazes, bandeiras, mensagens. Caras pintadas. Cores que definem uma turma, um grupo. Identidades reunidas ao redor de uma causa, de uma demanda, de uma indignação, de uma urgência. Máscaras como avatares, *black blocs*, batalhão de choque, cães, bombas de gás, polícia. "Se não tem rua, não tem mudança", disse Sueli Carneiro a Mano Brown.

O início da última década (2010-2020) marcou uma integração semântica entre ruas e redes. A Primavera Árabe, uma movimentação que ganhou força e relevância no mundo por meio de publicações no Twitter, inspirou outras movimentações semelhantes. Em 2011, vimos um post num blog transformar-se numa das manifestações mais importantes deste século: #OccupyWallStreet.

O texto era um chamado a ocupar fisicamente as ruas de Wall Street, centro financeiro de Manhattan, e colocar na rua uma grande luta sobre a influência das corporações na sociedade americana.

> *"Let's set up tents, kitchens, peaceful barricades and occupy Wall Street for a few months. Once there, we shall incessantly repeat one simple demand in a plurality of voices. We demand that Barack Obama ordain a Presidential Commission tasked with ending the influence money has over our representatives in Washington. It's time for Democracy Not Corporatocracy, we're doomed without it."* [Vamos montar barracas, cozinhas, barricadas pacíficas e ocupar Wall Street por alguns meses. Uma vez lá, repetiremos incessantemente uma simples demanda em uma pluralidade de vozes. Exigimos que Barack Obama constitua uma Comissão Presidencial encarregada de acabar com a influência que o dinheiro tem sobre nossos representantes em Washington. É hora da Democracia Não Corporatocrática; sem ela estamos condenados.]

Foram três meses de ocupação não só das ruas de Manhattan como também das redes sociais pelo mundo. Manifestações similares ocorreram em 951 cidades em mais de oitenta países, segundo seus organizadores. A guerra cultural se estabeleceu, com grupos ultraconservadores propondo uma contraocupação, com o argumento de que eram eles que estavam pagando a conta dos benefícios sociais que sustentam essas pessoas que estão nas ruas reclamando.

Em 2011, visitei a ocupação em Wall Street, e alguns pontos chamaram a minha atenção naquele modelo que acredito tenha sido um dos pontapés oficiais para a virada de jogo a que nos referimos neste livro. Primeiro, ali houve uma consciência epistemológica não só de que as pessoas oprimidas pelo sistema são maioria, *"we are 99%"*, mas de que, reunidas, podem fazer mais barulho e provocar a transformação. Segundo, esse grupo que estava fisicamente numa praça em Manhattan compreendeu também sua capacidade de pautar discussões nas redes e também, bem ou mal, nos veículos de imprensa. Por lá passaram políticos, filósofos, ativistas, artistas. Havia um calendário de eventos e programações por temas que iam desde ioga pela manhã até a exibição de filmes e coletivas de imprensa ao longo do dia. Ou seja, o ponto focal de uma grande onda de engajamento tem força suficiente para pautar uma sociedade inteira. E, por último, a compreensão da força de mensagens simples que viralizam: cartazes, panfletos, posts, imagens, debates e *live streamings*, presenciais ou on-line. A linguagem é combustível para engajamento e ali, naqueles meses de #OccupyWallStreet, se estabeleceu uma nova forma de escrever e compartilhar mensagens de protesto e transformação. Revisitando as fotos que fiz na época da minha visita à ocupação, a maioria era de cartazes e mensagens que viraram posts em minhas redes, e nas redes de muitos.

Na semana em que estava lá, o prefeito de Nova York havia dado um aviso de despejo, pedindo aos manifestantes que saíssem da área privada, que pertencia à grande corporação imobiliária Brookfield e que deveria ser desocupada. Horas depois a própria Brookfield, fazendo sua gestão de crise, soltou uma nota dizendo que não iria obrigar ninguém a sair do espaço, pois havia o direito da livre expressão. Obama declarou apoio ao movimento e afirmou que, sim, trabalhou para os 99%. Entre idas e vindas, o espaço foi desocupado até o final de 2011, início de 2012. Para mim, lembrando de tudo, foi como se fechasse os olhos em 2011 e acordasse em junho de 2013, no Brasil, quando, com linguagem, dinâmica e identidade semelhantes, as ruas do país foram ocupadas por protestos inicialmente ligados ao aumento do preço de passagens do transporte público, mas que na realidade foram o gatilho para que milhares de outras mensagens fossem colocadas nas ruas, em forma de manifestação. O resto é história.

O recorte que importa para este livro é: a partir de 2011, observa-se uma integração epistêmica entre rua e timeline. As passeatas que ocupavam as ruas passaram a ocupar também as redes; posts tomaram o lugar de cartazes, e o grande agregador de pessoas e ideias, que dá a noção de força e tamanho dessas manifestações, não são mais as fotos e as imagens aéreas, mas, sim, a força de uma hashtag. #OccupyWallStreet, #MeToo, #BlackLivesMatter são alguns dos grandes protestos do nosso tempo. E sim, nesse contexto, os cancelamentos são muitas vezes o estopim de grandes mudanças.

Capítulo 8.
#YoTambién

O ano é 1998, Estados Unidos, e só se falava em Monica Lewinsky. Os rumores de que ela, então estagiária na Casa Branca, teria um caso com o presidente Bill Clinton explodiram em farta cobertura da imprensa política e de celebridades e ganharam uma atenção tamanha que resultaram, inclusive, num pedido de impeachment com acusações de perjúrio e obstrução de justiça contra o democrata. Em sua defesa, primeiro ele disse que não teria tido qualquer relação sexual com Monica, que foi também prontamente pintada pela imprensa como descompensada e oportunista.

"Monica, como muitos adolescentes, foi marcada pela insegurança. Amigos dizem que, traumatizada pela indiferença do seu pai, ela buscou consolo em comida e, mais tarde, em homens. A primeira a fez engordar bastante durante o colégio, e os últimos, se a afirmação sobre sua relação sexual com Clinton for verdadeira, e ele diz que não, podem significar a ruína de Bill Clinton." Esse é apenas um trecho do perfil escrito na *People Magazine* de 9 de fevereiro de 1998 e define, de forma geral, a cobertura da imprensa na época. Foi um massacre.

Depois, confrontado com provas, Bill Clinton afirmou que não considerava sexual o relacionamento dele com Monica, pois, segundo o presidente, em linhas gerais, sexo oral não é uma relação, e se ela é quem estava fazendo sexo oral nele, então ela estava tendo uma relação sexual com ele, e não ele com ela. Clinton foi absolvido do processo de impeachment pelo senado americano; já Monica teve sua vida devastada e sua imagem para sempre associada à jovem acima do peso, predadora sexual e alpinista social. Entrou em depressão, pensou em suicídio, foi desacreditada por tudo e todos e apenas agora, vinte e cinco anos depois, está tendo espaço para que se conheça minimamente o seu lado da história.

Esse é um caso não diferente de tantos outros em que poderosos homens brancos vivem em liberdade e impunidade, enquanto a letra escarlate segue sendo fixada física e digitalmente na vida de mulheres pelo mundo.

Corta para 15 de outubro de 2017. Como conta em seu *memoir*, Tarana Burke, durante um fim de semana, começa a receber diversos alertas no seu celular com a hashtag #MeToo, nome de um projeto que ela criou em 2006, na comunidade do Bronx, para estimular a conexão, proteção e empatia entre mulheres que, como ela, foram vítimas de abuso e assédio. Horas antes, um post da atriz norte-americana Alyssa Milano havia não só viralizado, mas impulsionado também a tag que virou uma grande ferramenta e um canal de denúncias de assédio contra mulheres em todo o mundo.

"Por sugestão de uma amiga: se todas as mulheres que tiverem sido assediadas e abusadas escrevessem '*me too*' nos status de suas redes sociais, nós poderíamos dar ao mundo uma noção da magnitude desse problema. Se você já foi vítima de abuso ou assédio, escreva '*me too*' como resposta a este tweet."

Pois bem, foram 55 mil *replies*, #MeToo se tornou o tópico mais falado nas redes não só nos Estados Unidos, mas em todo o mundo. #MeToo #YoTambién #quelavoltache.

Esse post não surgiu do nada. Foi motivado e ganhou engajamento na esteira de denúncias publicadas naqueles dias por duas jornalistas no *The New York Times*, relativas a casos de assédios e abuso contra diversas vítimas pelo fundador da produtora Miramax, Harvey Weinstein, um dos mais importantes produtores de cinema do mundo. À época, não faltavam boatos sobre a forma como Weinstein tratava as mulheres, mas até aquele ano não havia ainda sequer uma denúncia formal que pudesse comprovar os inúmeros rumores que circulavam por Hollywood.

Depois de uma longa e minuciosa apuração, que incluiu entrevistas com atrizes, ex-funcionárias das empresas de Weinstein, as jornalistas Jodi Kantor e Megan Twohey descobriram que o esquema armado pelo produtor ia muito além do assédio em si, chegando a uma rede eficiente e extensa de advogados que há décadas comprava o silêncio das vítimas em troca de pagamentos exorbitantes. E não se tratava apenas de Weinstein, mas, sim, de toda uma indústria do silêncio, denunciada pelo repórter investigativo Ronan Farrow, da revista *New Yorker*, que também foi atrás do assunto e retratou todo o esquema milionário que acobertava assediadores de Hollywood e da cena política norte-americana. As duas reportagens receberam o prêmio Pulitzer e deram origem aos livros *Ela disse: os bastidores da reportagem que impulsionou o #MeToo*, de Kantor e Twohey, e *Operação Abafa: predadores sexuais e a indústria do silêncio*, de Farrow.

Em uma das entrevistas conduzidas por Ronan Farrow para o seu livro, Annabella Sciorra relata o episódio de abuso sexual cometido por Weinstein depois de ela ter estrelado o filme *A noite que nunca nos encontramos*, de 1993. A atriz norte-americana conta que, logo depois de ter sido abusada, ela ficou com vergonha do que tinha acontecido – um sentimento compartilhado com frequência por mulheres vítimas de abuso –, inibindo-a de expor sua história e denunciar o produtor. Ela ainda relata que desconfiou sofrer retaliações de Weinstein porque, depois do longa de 1993, voltou a participar de produções só dali a três anos – período em que recebeu várias críticas por "ser muito difícil".

A história até então demonstrava que agressores como Weinstein permaneciam impunes, alcançando cargos prestigiosos publicamente e prosperando em suas respectivas indústrias. *Vide* o caso de Monica Lewinsky e, para além, as histórias de tantas e tantas mulheres que foram "canceladas" pelo poder e, sobretudo, pela mídia comprometida com esses homens poderosos. Já citamos aqui Elza Soares e até mesmo Joana D'Arc, para ficar apenas nos casos antológicos que conseguiram emergir por entre as narrativas oficiais. A própria jornalista Megan Twohey foi responsável também por escrever alguns dos primeiros artigos em que mulheres alegavam terem sido atacadas por Donald Trump, para depois ser obrigada a cobrir seu triunfo nas eleições presidenciais norte-americanas de 2016.

Algo diferente aconteceu em 2017. As redes sociais estavam mais fortes do que nunca, porém ainda abaixo do radar do sistema orgânico de manutenção do *status quo* e, num rompante, o movimento #MeToo tomou as plataformas de mídia e a sociedade com uma grande onda. A ideia lançada anos antes por Tarana Burke, de empoderamento por empatia – agregada ao excelente trabalho de jornalismo e denúncia feito por Kantor e Twohey no *The New York Times* e ao post preciso de Alyssa Milano –, abriu um corredor seguro de engajamento para que milhares e milhares de vítimas de assédio e abuso pelo mundo tivessem espaço para contar suas histórias, fazer ou não suas denúncias e serem de fato ouvidas.

Em fevereiro de 2020, Weinstein foi condenado a vinte e três anos de prisão em Nova York por estupro e agressão. Em 2021, foi transferido para Los Angeles, onde aguarda o julgamento de outras onze acusações, podendo ser condenado a cento e quarenta anos de prisão.

A ascensão do #MeToo também inspirou ginastas norte-americanas a relatar suas experiências de abuso no Twitter: "As pessoas deveriam saber que isso não acontece só em Hollywood. Acontece em toda parte. Onde houver uma posição de poder, parece que há potencial para o abuso. Eu tinha o sonho de ir aos Jogos Olímpicos e as coisas que precisei sofrer para chegar ali foram desnecessárias e asquerosas", escreveu McKayla Maroney, ex-integrante da seleção norte-americana de ginástica, na rede social em 2017. Maroney deflagrou uma nova onda de cancelamento, encorajando outras atletas a virem a público e denunciarem os abusos de seu médico, Larry Nassar.

As denúncias nas redes sociais também tiveram seus desdobramentos na justiça. Ao todo, mais de 150 vítimas, entre elas a estrela da modalidade, Simone Biles, prestaram depoimento durante o julgamento do ex-médico, que confessou ter abusado sexualmente de atletas enquanto trabalhava na Universidade Estadual de Michigan e na seleção norte-americana de ginástica. Biles, em seu depoimento, diz: "Nós sofremos e continuamos sofrendo, pois ninguém no FBI, na Federação ou no Comitê Olímpico fez o que era necessário para nos proteger. Nassar está onde ele merece, mas aqueles que permitiram isso merecem também ser responsabilizados" – fazendo clara referência ao fato de algumas instituições (como a Federação de Ginástica dos Estados Unidos) encobrirem os abusos de Nassar por anos. Em janeiro de 2018, Larry Nassar foi condenado a cento e setenta e cinco anos de prisão por abusos sexuais.

No Brasil, dois anos antes de explodir o #MeToo, a Rede Bandeirantes transmitia a primeira temporada de um *talent show*, o MasterChef Júnior. Crianças e adolescentes de 8 a 13 anos participavam do programa, que consistia em uma competição de culinária. Entre eles, uma menina de 12 anos que, ainda criança, tornou-se vítima de assédio em posts nas redes sociais desde o primeiro dia em que o programa foi ao ar. "Sobre essa menina: se tem consenso, é pedofilia?" – como esse post, diversos outros comentários de cunho sexual direcionados à garota foram publicados e compartilhados livremente nas redes sociais.

Em apoio à criança, o coletivo feminista Think Olga, fundado pela jornalista Juliana de Faria para trazer atenção ao assédio contra meninas ainda crianças, lançou a hashtag #PrimeiroAssédio no Twitter, incentivando outras meninas e mulheres a compartilharem suas histórias de primeiro assédio. A youtuber Jout Jout gravou um vídeo, "Vamos fazer um escândalo", que atingiu milhões de visualizações, tornando-o o mais assistido daquele ano, chamando a atenção aos comentários inapropriados e assediosos na internet contra a concorrente do MasterChef Júnior, além de falar sobre assédio sexual abertamente, relatando sobre sua gravidade e suas diferentes facetas.

Juliana de Faria, idealizadora do movimento, destacou em entrevistas que casos de abuso sexual costumavam ser enterrados pelas vítimas porque estas, muito provavelmente, não compreendiam a agressão em si e porque o sistema não era punitivo o suficiente. A internet, ao possibilitar a atuação em rede, desenterrou muitas dessas histórias e possibilitou que elas fossem compartilhadas, gerando um sentimento de união, proteção e, sobretudo, empatia entre outras tantas mulheres que sofreram e sofrem esse tipo de agressão. Muito além da hashtag está a força da dinâmica da rede, que favorece uma atuação organizadamente articulada em grupo, gerando não só a exposição como também a proteção necessária para denúncias assim.

Também em 2017, José Mayer, antológico galã de novelas e filmes brasileiros, foi denunciado e, podemos dizer, cancelado depois de uma figurinista tê-lo acusado de assédio sexual. O relato, publicado no jornal *Folha de S.Paulo*, mobilizou diversos grupos feministas e deu origem à hashtag #MexeuComUmaMexeuComTodas, que viralizou quando outras funcionárias e atrizes da TV Globo, empregadora de Mayer, foram trabalhar com camisetas que estampavam a hashtag em protesto. Não por acaso, uma das palavras mais buscadas no Google em 2017 foi "sororidade" – termo que designa a união entre mulheres, respeito e empatia por suas trajetórias –, expressão que foi utilizada nas redes sociais em larga escala depois que casos como esses ganharam destaque nas redes sociais.

É nesse contexto, pós-eclosão de movimentos como o #MeToo, que o cancelamento é reconhecido em definitivo e coletivamente batizado como uma dinâmica contemporânea de reação a indivíduos que agem de forma nociva na sociedade e que antes estavam protegidos pelo manto da impunidade e por baixo do tapete das grandes mídias. Quando histórias individuais ganham alcance global, barreiras dos sistemas de opressão podem ser quebradas.

Nesse viés, o cancelamento é uma arma, uma forma que a multidão digitalizada tem de se organizar e agir coletivamente contra sistemas de opressão. O reconhecimento dessa dinâmica é um meio também de entender que não é preciso ter poder – como Weinstein, Trump e Mayer tinham – para impulsionar mudanças estruturais. Porque o poder do indivíduo conectado em rede é maior do que podemos e conseguimos medir.

Na ironia dessa grande história do mundo, quem diria que uma piada misógina lá atrás poderia ser o prenúncio de uma dinâmica que aponta e constrange os próprios misóginos, expondo outros tipos de agressores, que passariam a ser punidos por suas falas e comportamentos.

E o que começou como um movimento contra o assédio sexual se desenvolveu e se transformou em um importante impulsionador de mudanças, sobretudo de mentalidade social, um passo significativo para concretizar ações efetivas de combate a qualquer tipo de violência e discriminação. Nem todas as denúncias serão engavetadas, nem todas as agressões serão veladas, e há a possibilidade de qualquer agressor ser exposto e repreendido de forma social, política e, em muitos casos, criminal.

A história segue e, em 2019, dois anos depois da explosão do #MeToo, a dinâmica do cancelamento se mostrava cada vez mais incorporada e consolidada como uma verdadeira ferramenta de expressão social e mudança. Foi nesse ano que J. K. Rowling, a autora britânica da série de livros *Harry Potter*, sofreu diversas retaliações por publicar em seu perfil no Twitter um comentário de natureza transfóbica em apoio à consultora e pesquisadora Maya Forstater, que teve seu contrato de trabalho encerrado com o Centre for Global Development depois de expressar visões que ignoram a identidade transgênero.

Muitos fãs de Rowling e da saga *Harry Potter* consideraram o tweet da autora profundamente perturbador – tanto assim que, na manhã seguinte à postagem, o assunto virou um *trending topic* no Twitter, ultrapassando até mesmo a tentativa de impeachment de Donald Trump naquele ano. O alto engajamento, o debate desenvolvido ali, a troca de conhecimentos e discussões que surgiram ao redor desse cancelamento apontaram não só a capacidade de minimizar a influência cultural e midiática de um agressor, como também o potencial didático de acontecimentos dessa natureza, trazendo à tona diversas questões que de outra forma não teriam esse espaço, como é o caso das pautas da comunidade trans.

Pois bem, um ano depois do ápice do #MeToo, em 2018 nos Estados Unidos, houve um aumento recorde no número de leis estaduais relacionadas a assédio sexual: dos cinquenta estados norte-americanos, 32 introduziram pelo menos 125 instrumentos legislativos naquele ano. Em 2019, foram mais de cem leis introduzidas por 29 estados em suas respectivas legislações estaduais.

Alguns estados impuseram limites a acordos de confidencialidade – um instrumento muito usado para silenciar vítimas de assédio, como investigado em diversas denúncias contra Harvey Weinstein. Outros estados promulgaram leis para aprimorar as análises clínicas em caso de estupro, além de revisitar a legislação sobre assédio sexual no ambiente de trabalho.

No Brasil, desde 2006, temos a Lei Maria da Penha, batizada em homenagem à farmacêutica e hoje ativista Maria da Penha, mulher que escapou da morte com um tiro de espingarda, ficando paraplégica, e denunciou o marido por diversas agressões. A lei, que foca nas vítimas de violência doméstica, foi um importante avanço na agenda de defesa dos direitos da mulher no país – mas só foi implementada depois de o Estado brasileiro ter sido condenado por omissão e negligência pela Corte Interamericana de Direitos Humanos e compelido a assumir o compromisso de reformular as suas leis e políticas sobre violência doméstica.

A Lei Maria da Penha foi promulgada no mesmo ano em que foi fundado o movimento "Me Too" pela ativista Tarana Burke – não por coincidência, era o começo do entendimento do que estava por vir, criando as bases para um engajamento mais amplo e, em alguma medida mais seguro, entre mulheres vítimas de assédio, abuso e violência na sociedade.

Mesmo antes de essas hashtags ganharem número, o Brasil já tinha avançado algumas casas no que diz respeito à proteção legal das mulheres. Em 2015, a pena de assassinatos cometidos com motivação ligada ao gênero havia sido agravada com a lei do feminicídio, e já existiam projetos de lei em trâmite no Congresso, por exemplo, sobre atendimento prioritário em hospitais, delegacias e centros de assistência social de mulheres vítimas de violência doméstica, assim como previsão de assistência humanitária para gestantes presas. São avanços importantes, mas sabemos que ainda assim a realidade segue muito dura para as mulheres, sendo ainda muito questionadas, expostas e ameaçadas quando fazem denúncias.

Em setembro de 2018, às vésperas das eleições presidenciais, no contexto também de uma forte mobilização feminista contra a eleição do então candidato Jair Bolsonaro, declaradamente misógino, estava sendo promulgada a Lei de Importunação Sexual, que criminalizou em definitivo assédios sofridos por mulheres até então tratados apenas como contravenções penais, como era o caso do beijo não consentido na bochecha, assédios verbais nas ruas e importunação em transportes públicos.

O #MeToo também trouxe transformações nos ambientes de trabalho. Discussões sobre canais seguros de denúncias, comitês de *compliance* e até mesmo o antigo debate a respeito de equidade salarial para homens e mulheres alçou outros patamares e forçou empresas a olharem para isso de forma estruturante, criando programas e incentivos que de fato oferecessem oportunidades igualitárias e segurança física e emocional.

As ondas provocadas pelo cancelamento de Harvey Weinstein, e tudo o que veio depois disso com o movimento #MeToo, se expandiram e abarcaram assuntos ainda mais amplos, relacionados não apenas a assédio e abuso sexual, mas ao direito das mulheres, debates e ações historicamente engavetadas.

Em Hollywood, ambiente em que a história começou, diversas transformações ocorreram, começando pela fundação do Time's Up, um fundo de defesa legal que oferece suporte às mulheres que lidam com assédio e abuso sexual em diversas indústrias. A iniciativa foi anunciada no início de 2018, depois das denúncias contra outros homens da indústria por trezentas atrizes, entre elas, Meryl Streep, Emma Stone e Reese Witherspoon.

O famoso "teste do sofá" – uma prática nefasta, porém institucionalizada, de aprovar ou não atores para determinados papéis em produções cinematográficas – deixou de ser ignorado pela indústria de modo deliberado. Sindicatos e agências de atores criaram regras para impedir que mulheres ficassem em posições de vulnerabilidade e fossem iscas fáceis de assédio, como em cenas de sexo ou de nudez – especialistas em intimidade agora fazem parte do set para prevenir eventuais abusos durante as filmagens.

Estúdios têm tomado ainda mais cuidado ao contratar diretores ou atores que podem ter um histórico de agressão sexual. Distribuidores e serviços de *streaming* passaram a adotar "cláusulas de moralidade" em contratos para permitir o cancelamento de projetos cujos profissionais envolvidos neles sejam acusados de alguma transgressão. Além de um aumento ainda tímido, mas relevante, da contratação de mulheres para posições de alta liderança em produções cinematográficas, historicamente ocupadas por homens – é o caso da cadeira de direção. No Oscar de 2022, vimos a neozelandesa Jane Campion, diretora do longa *Ataque dos cães*, ser a terceira mulher premiada com a estatueta por melhor direção.

Capítulo 9.
Vidas negras importam

A isca deste livro é o cancelamento, sem dúvida, mas o que estamos pescando aqui é outra coisa: como o engajamento social em rede promoveu um golpe relevante contra os grupos mais conservadores na guerra cultural e produziu, sim, mudanças em nossa sociedade no caminho de um mundo mais justo e acertado.

Falamos aqui também que os três pontos fundamentais de conflito nas guerras culturais são gênero/sexualidade, religião e raça. Esses são os principais campos de batalha e de disputa por controle social. E o cancelamento, de pessoas, marcas, conteúdos e empresas, é combustão pura para esses conflitos, tanto de um lado, quanto de outro.

Em fevereiro de 2012, na Flórida, cidade de Sanford, o jovem Trayvon Martin saiu da casa da namorada do seu pai, em um condomínio fechado, para comprar doces e nunca mais retornou. O garoto negro de apenas 17 anos andava pelas ruas do condomínio de moletom e capuz quando percebeu que estava sendo seguido por um vigilante voluntário branco e hispânico de 28 anos. Armado com uma pistola de 9 milímetros, George Zimmerman ligou para o departamento de polícia para informar a presença de um suspeito no bairro, afirmando que arrombamentos haviam acontecido nas casas da vizinhança recentemente. Apesar de a polícia ter alertado que não era necessário que Zimmerman seguisse o garoto, o vigilante ignorou o pedido, perseguiu Martin e o matou com um tiro no peito.

Em depoimento, Zimmerman afirmou ter agido em legítima defesa, depois de uma suposta briga entre os dois. No áudio da ligação de uma moradora do bairro para a polícia, a versão é contraditória: ouvem-se gritos de "socorro" ao fundo e, segundos depois, o som de um tiro. Mesmo assim, a polícia de Sanford na época afirmou não haver evidências que contrariassem a história do vigilante e, por isso, não foram registradas acusações.

Indignadas, milhares de pessoas foram às ruas e se reuniram na Union Square, em Nova York, clamando por justiça pela morte de Trayvon Martin. Uma das maiores manifestações das últimas décadas. Boa parte dos manifestantes usava capuz, como Martin usava quando foi assassinado, entre eles, Beyoncé e Jay-Z, que, anos depois, financiou uma série sobre o caso, *Rest In Power*. Se não há paz, que haja força.

O ex-presidente Barack Obama se pronunciou: "Se eu tivesse um filho, ele se pareceria com Trayvon". A mobilização social em escala nacional pressionou as autoridades a investigar o caso, que foi parar nos tribunais. Em 13 de julho de 2013, porém, depois de um júri de dezesseis horas de duração, George Zimmerman foi absolvido das acusações de assassinato em segundo grau e homicídio culposo. A juíza do tribunal que absolveu Zimmerman não aceitou nem sequer a menção da questão racial nos autos.

Depois do veredito racista, diversos protestos seguiram acontecendo pelo país, mobilizando pessoas e grupos de diversos segmentos da luta social e antirracista. A ativista Alicia Garza, da aliança nacional de trabalhadoras domésticas, publicou então o post "Carta de amor para as pessoas negras" no seu perfil do Facebook, texto que terminava com a frase "*our lives matter*" (nossas vidas importam).

Outro grupo, a coalização contra violência policial de Los Angeles, inspirado pelo post de Garza, começou a marcar todas as menções ao caso de Trayvon Martin com a hashtag #BlackLivesMatter (#VidasNegrasImportam). Daí surgiu um dos principais pontos de força de uma mobilização social, uma hashtag que consegue agregar, e potencializar, a expressão e o debate. O que estava forte nas ruas, mas poderia estar disperso ou invisível na mídia, ganhou força algorítmica para ocupar espaço nas timelines e nas pautas de notícias e, beneficiando-se do efeito manada das redes, trouxe mais gente para o debate e para a linha de frente. Quando isso acontece, todos os apoiadores se juntam para se manifestar. Empresas, marcas e instituições têm de se posicionar; se não o fizerem, serão canceladas.

Foi ali o início de uma nova onda de ativismo social antirracista, agregada em torno da marca e da hashtag Black Lives Matter (BLM). O movimento ativou o debate sobre racismo e violência armada no país, e a cada situação de violência contra pessoas pretas feita por policiais, instituições, grupos ou pessoas, a rede se levantava em manifestações, boicotes, exposições e debates. Várias células locais foram criadas e espalhadas pelos Estados Unidos. A capilaridade e a presença do movimento não eram apenas na rede, mas também e, sobretudo, nas ruas. Não era apenas uma hashtag, mas a hashtag ajudou todo mundo a se encontrar, debater, se expor e agir.

**

O caso George Floyd

Sete anos mais tarde, em 25 de maio de 2020, morria George Floyd, um homem negro de 46 anos, assassinado pelo policial branco Derek Chauvin. O roteiro não muda. A polícia foi acionada depois de Floyd ter tentado comprar cigarros em uma loja de conveniência com uma nota falsa de 20 dólares. Em depoimento, o atendente que aceitou a nota disse que Floyd não parecia saber que a nota era falsa. Fora da loja, quando George foi abordado pelos policiais, pessoas ao redor puderam gravar o momento em que Chauvin pressionava seu joelho no pescoço de Floyd, impedindo que ele respirasse. Nas gravações, ouvem-se suas súplicas *"I can't breathe"* (Eu não consigo respirar). Foram oito minutos.

Os vídeos foram postados nas redes sociais, o policial foi identificado, a vítima teve sua identidade reconhecida, sua história contada. A rede #BlackLivesMatter, que se manteve ativa e conectada durante todos esses anos que separam os assassinatos de Trayvon Martin e de George Floyd, volta às ruas e às redes de um jeito ainda mais forte. O clamor por justiça racial, junto com a indignação e a exaustão depois de anos de um governo racista como o de Donald Trump e das mortes majoritariamente de pessoas pretas nos Estados Unidos e em todo o mundo em razão da covid-19, fizeram o engajamento contrário à violência vir ainda com mais força. As bases já estavam montadas, a hashtag já existia e se mantinha ativa, e mais pessoas chegaram junto, ampliando um movimento que já era grande.

Nos dias que se sucederam ao assassinato de Floyd, o mundo inteiro foi tomado por protestos que aconteciam de modo simultâneo. Foram mais de 500 milhões de interações por meio da hashtag #BlackLivesMatter em uma semana, com engajamento de diversos campos da sociedade. O pico de interações ocorreu na terça-feira seguinte, dia 2 de junho de 2020, quando surgiu a movimentação Blackout Tuesday, que ocupou as timelines, com quase 500 milhões de interações por meio da hashtag #BlackoutTuesday, de todas as redes sociais com telas pretas e com sinalizações de engajamento com o protesto.

**

Trazendo o recorte para o tema deste livro, no ápice dessas movimentações começou a surgir uma justa vigilância: quem vai e quem não vai se posicionar em público contra o racismo? O posicionamento de cada um era urgente e, nessa tempestade, o racismo estrutural de muitas organizações, que resistiam a se engajar, ficou exposto, e essas empresas passaram a sofrer pressão, ou se sentirem pressionadas de dentro e de fora, para terem um posicionamento claro. E, mais do que isso, ao se posicionarem publicamente, estavam ali também firmando um compromisso de expor e rever o que estivesse de errado em termos de justiça racial em suas empresas, suas equipes e seus negócios, e de mudar. Para muitas dessas organizações, o principal estímulo a esses posicionamentos, compromissos e mudanças estruturais não foi outro senão o medo de serem canceladas.

Boa parte da pressão sentida pelas organizações era oriunda do comportamento dos consumidores que clamavam por justiça racial também no âmbito da responsabilidade social corporativa, sobretudo os consumidores mais jovens, da Geração Z. Para se ter uma ideia, uma pesquisa conduzida pela Edelman, empresa de relações públicas, revelou que 60% dos americanos defendiam que marcas deveriam usar sua verba de marketing para lutar por equidade racial. A mesma porcentagem também afirmou que boicotaria a marca, dependendo de como ela reagiria aos protestos deflagrados depois da morte de Floyd.

Foram muitas declarações, até então inéditas, de apoio e compromisso com a questão racial.

A Netflix postou na sua conta do Twitter: "Ficar em silêncio é ser cúmplice. Vidas negras são importantes. Temos uma plataforma e temos o dever de divulgar nossos membros, funcionários, criadores e talentos negros". Outras plataformas de mídia se engajaram na discussão de diversas formas; contudo, nenhuma, sem exceção, tinha propriedade para falar sobre isso, pois não havia diversidade em frente às câmeras, e muito menos no *backstage* e nos escritórios dessas empresas de mídia. Em sua cobertura do acontecimento, a GloboNews abriu a câmera com cinco jornalistas brancos comentando os fatos, aquela incoerência didaticamente exposta, e as críticas que vieram de imediato mudaram também o rumo da exigência de diversidade em programas de televisão e notícias. Qual brasileiro pode esquecer a imagem da cobertura dos protestos antirracistas pela GloboNews sendo feita por cinco jornalistas brancos?

Em maio de 2020, antes de a hashtag #BlackoutTuesday estourar, a Nike lançou uma declaração em vídeo, pedindo que o público não ignorasse a situação que se desdobrava bem diante de seus olhos. Que não ignorasse, como foi por séculos, a questão racial. O convite para a mudança teve grande impacto e chegou a ser considerado modelo de responsabilidade social corporativa.

A Sephora, uma das maiores empresas do setor de beleza do mundo, publicou uma declaração de comprometimento à causa antirracista poucos dias depois do assassinato de Floyd, fechando toda a sua operação no dia do #BlackoutTuesday por duas horas, tempo destinado para oferecer um treinamento sobre viés racial aos seus colaboradores.

A cadeia Starbucks, que carrega um passado não tão favorável quando o assunto é equidade racial, rapidamente se comprometeu a ser solidária com os parceiros, consumidores e comunidades negras, doando o total de 1 milhão de dólares para organizações que promovem justiça racial. Além disso, revisitou o código de vestimenta dos baristas, fabricando 250 mil camisetas pró-BLM, que serviram de uniforme para seus colaboradores.

Ao longo de 2020, vimos muitas organizações se posicionando, desenvolvendo iniciativas, estabelecendo metas de curto, médio e longo prazos, a favor da causa antirracista. A lista é longa. A Apple, por exemplo, criou um "acampamento de empreendedorismo" apenas para desenvolvedores negros de software, promovendo, assim, seus melhores trabalhos e ideias. O Facebook se comprometeu a dobrar o número de colaboradores negros e latinos até 2023 e aumentar para 30% o número de pessoas negras em posições de liderança até 2025. O Airbnb, por sua vez, prometeu doar um total de meio milhão de dólares para a fundação do BLM e a NAACP, uma das mais antigas instituições a favor dos direitos civis.

A pressão trouxe algumas mudanças já em 2020. Mas ainda poucas. O Emmy daquele ano bateu recorde de indicações de atores negros na história da premiação (que acontece desde 1949), com 34,3% das nomeações. Entre os 102 nomes que foram listados na categoria de atuação, 35 deles foram negros, quase o dobro do ano anterior. Atores negros ocuparam 39,7% dos papéis principais em filmes lançados em 2020, uma proporção similar ao perfil demográfico norte-americano da época, de 40,3% de residentes não brancos, de acordo com uma pesquisa da UCLA. Houve também, nos Estados Unidos, um aumento de 200% na procura por livros de temática antirracista.

Nas redes sociais, todas as atenções voltaram-se para influenciadores negros, que, por meio de diversas ações de grandes celebridades, ganharam mais seguidores e mais relevância. Os próprios algoritmos das redes foram questionados e também sinalizados como racistas por privilegiar perfis e conteúdos com viés de raça. Pessoas com grande número de seguidores, beneficiadas pelo racismo algorítmico, fizeram movimentos para ceder seu espaço a vozes de pessoas negras. Ações de alguma forma coordenadas com o objetivo de dar mais relevância algorítmica às pessoas e organizações que precisam ter espaço no nosso tempo. No Brasil, as ativações de marca com influenciadores negros cresceram 73% no mês de junho, comparado ao mês de maio de 2020, 112% em relação ao ano anterior.

Questiona-se o quanto disso foi apenas estratégia de marketing de pessoas e empresas brancas para fugirem do cancelamento. Ora, não há como negar esse fato. A pressão pública, o medo do cancelamento, o desejo de fazer parte de uma movimentação social do tamanho da Black Lives Matter, fizeram as empresas se mexerem. O racismo já estava ali desde sempre e nada as impedia de agir. Infelizmente, as pessoas funcionam dessa forma e temos de lidar com o que temos. É ridículo, mas o medo do cancelamento é uma das mais fortes ferramentas de transformação social do nosso tempo.

Depois dos debates e do barulho causado pela #BlackLiveMatters em 2020, o apoio à causa antirracista, em especial a luta contra a brutalidade policial, foi sentido também na estrutura legislativa dos estados da federação norte-americana. Somado aos efeitos desproporcionais da pandemia do novo coronavírus em minorias, mais estados passaram a avaliar o impacto racial na implementação de novas leis. E, desde 2021, a exigência de declarações de impacto racial ajudam legisladores a prever como uma medida em discussão impacta a luta contra desigualdades.

Em Minnesota, no estado em que Floyd foi morto, o governador Tim Walz se comprometeu a realizar uma abrangente reforma na polícia – entre as medidas estão temas como brutalidade policial, subsídios para reconstrução do corpo da polícia e mais transparência. Na cidade de Nova York, durante o último mandato do ex-prefeito Bill de Blasio, legisladores assinaram um projeto de lei para revogar a seção 50-A da Lei de Direitos Civis dos Estados Unidos, que por décadas protegeu policiais de serem responsabilizados e permitiu que seus registros permanecessem em sigilo. Em Washington, a técnica do "mata-leão" foi proibida por lei, além de terem acelerado a liberação das gravações feitas pelas câmeras acopladas nos uniformes dos policiais.

Enquanto isso, no Brasil, três meses depois do assassinato de George Floyd, uma pesquisa mostrou que houve um crescimento de 46% no engajamento no movimento antirracista. O levantamento realizado pela startup Zygon AdTech analisou 9,7 milhões de menções únicas a #BlackLivesMatter e #VidasNegrasImportam nas páginas brasileiras do Twitter. No pico do engajamento, foi registrado 1,6 milhão de tweets em um só dia. A pesquisa também revelou que, mesmo depois do pico de repercussão do assunto na mídia, em junho de 2020, a média diária de publicações relacionadas ao movimento antirracista teve um incremento de 46%.

A força que o movimento ganhou gerou também aumento de denúncias de crimes de racismo e de propostas de mudanças de leis e políticas públicas. Dados do Ministério Público de São Paulo revelam que os procedimentos para investigar denúncias de injúria qualificada – como inquéritos, medidas cautelares, prisões em flagrante – saltaram de 97 em 2020 para 708 em 2021. O aumento também foi percebido nos casos de preconceito de raça baseados na Lei Antirracismo, que passaram de 265 em 2020 para 427 em 2021. A Secretaria da Justiça e Cidadania paulista reporta 134 denúncias de racismo apenas nos primeiros três meses de 2022 – reforçando alguma mudança no comportamento social e maior visibilidade para a temática antirracial.

O mundo corporativo brasileiro também mostrou a cara e aderiu à causa antirracista, ampliando processos e iniciativas de curto e longo prazos, especialmente no que diz respeito à atração e seleção de talentos negros, bem como ao desenvolvimento de lideranças. Desde 2020, presenciamos a criação de inúmeros processos seletivos e programas de *trainees* voltados à população negra – MagaLu, Nubank, Ambev são alguns desses exemplos. Em 2021, a Cia de Talentos, uma das maiores empresas de recrutamento e seleção do país, registrou um recorde de 35% das vagas disponíveis na sua plataforma sendo preenchidas com candidatos pretos ou pardos.

Se, em 2013, a juíza do tribunal do júri que absolveu George Zimmerman nem sequer aceitou a menção da questão racial no processo de Trayvon Martin, em 2020, quando George Floyd foi assassinado, o componente racial em sua morte já não era mais uma dúvida, muito menos em diversas outras trágicas e violentas mortes que aconteceram e seguem acontecendo com pessoas negras. O que antes não passava pelo radar social, hoje é passível de ser detectado e apontado, constrangido, isolado. E muito disso se deve à dinâmica do cancelamento que, com sua força, joga luz às questões historicamente ignoradas sobre pessoas subjugadas, contribuindo como arma na luta pela justiça racial. Quem tem medo de ser cancelado é quem está devendo.

Capítulo 10.
Intolerância religiosa

A resposta a agressões relacionadas a gênero e etnia está na gênese da dinâmica do cancelamento. No entanto, há outro vetor fundamental: a religião. No sistema de opressões que gera as guerras culturais, existe um tripé formado por atos de misoginia/homofobia/transfobia, de racismo e de intolerância religiosa. E esse terceiro pilar é talvez o que provoca reações mais complexas. Não porque seja menos recorrente ou menos violento. Religiões têm uma penetração mais capilarizada na sociedade, transversal, não estão ligadas diretamente a grupos identitários.

Os diferentes credos incluem estratos sociais muito desiguais. Com isso, as agressões por motivo religioso não causam tantas reações coordenadas de cancelamento – pelo menos não é o que aparenta quando comparadas com outras formas da dinâmica. O candomblecista negro que é hostilizado e se sente ameaçado em sua existência física não gera reações de solidariedade imediata em candomblecistas brancos de classe alta, que, por outro lado, se sentem a salvo das tensões sociais experienciadas pelo candomblecista negro. É mais uma camada cruel do racismo brasileiro.

O resultado disso é que, na ausência de um vínculo tão direto entre religiosidade e pertencimento identitário, a mobilização digital contra ofensas religiosas é mais rarefeita. E, por isso mesmo, a esfera da religião (e dos costumes ditados pela moral religiosa) é aquela em que os atos ofensivos passam mais impunes e, pior, preparam o terreno para tornar mais eficazes as apropriações e distorções da dinâmica do cancelamento, como veremos no próximo capítulo.

Há uma clara assimetria entre, de um lado, as mobilizações coletivas que partem de adeptos de religiões historicamente excluídas e, de outro, as ações coordenadas de grupos que seguem as religiões dominantes. Os primeiros não têm unidade política para resistir à opressão religiosa, que, no fim, é também parte do sistema maior de racismo do país. Os segundos sempre exerceram seu império e instrumentalizaram a religião para dar legitimidade espiritual e poder político a seu viés moral e conservador. E o contexto fica ainda mais complexo se levarmos em conta as religiões que derivam do credo cristão hegemônico, mas representam vertentes com penetração popular e conseguem congregar outros estratos da população, um fenômeno conhecido como "cooptação", em que o oprimido assimila e reproduz os valores do opressor.

Grosso modo, é possível dividir a religiosidade brasileira em três grandes grupos, senão em termos demográficos, pelo menos no que se refere à presença simbólica na vida social, cultural e artística. Os católicos representam a religião do colonizador europeu, que, mesmo com a separação entre Estado e Igreja promovida pela Proclamação da República em 1889 e pela Constituição de 1891, continuou sendo uma espécie de religião oficial do país. As religiões de matriz africana, como umbanda e candomblé, que num primeiro momento corresponderam à reconstrução da identidade pós-diáspora, acabaram ganhando adeptos em outras camadas da população. E mais recentemente, porém de forma avassaladora, as correntes derivadas do protestantismo tradicional, como luteranos, calvinistas e metodistas, que se dividem entre igrejas evangélicas, pentecostais ou neopentecostais, têm em comum o conservadorismo nos costumes associado à teologia da prosperidade, de grande apelo nas camadas mais pobres.

Na encruzilhada brasileira das raças, na interseccionalidade das questões enfrentadas pelo país, o pilar religioso das guerras culturais vai além dos sacramentos e textos da Bíblia e ganha um combustível mortal que supera a própria intolerância religiosa: o racismo religioso contra crenças de matriz africana.

Repressão policial e tentativas de exclusão da esfera pública marcaram a história dos cultos. A Constituição de 1823 previa liberdade religiosa no Brasil apenas para o cristianismo e trazia um artigo segundo o qual as outras religiosidades seriam "toleradas". Com a República, em 1889, foi estabelecida a liberdade religiosa, mas criou-se no Código Penal de 1890 um subterfúgio para a exclusão, na forma de uma lei que condenava práticas de espiritismo, feitiçaria e magia, sendo amplamente usada pelos aparelhos repressivos do Estado Novo – o período ditatorial que vai de 1937 a 1945, da era Getúlio Vargas.

Foi nesse mesmo governo, a pedido de Obá Biyi, ou Mãe Aninha – fundadora do Ilê Axé Opô Afonjá, que vem a ser minha bisavó de santo –, que Getúlio promulgou o Decreto-lei nº 1.202, em 1939, reconhecendo o candomblé como religião no Brasil e proibindo qualquer tipo de embargo. A costura desse decreto foi feita pelo diplomata Oswaldo Aranha, frequentador do terreiro. Ainda assim, o registro de casas de candomblé e umbanda era caso de polícia, o que fomentava uma repressão muito violenta e agressiva, uma cultura policial antiterreiro que dura até hoje. Foi no período da ditadura militar, iniciada em 1964, que o registro dos centros de umbanda e candomblé passou da jurisdição policial para a civil – provavelmente também por causa da crescente adesão a esses cultos por uma classe média branca e urbana que estava no cerne do projeto nacionalista e burguês dos militares.

Mesmo assim, legislações locais perpetuavam a intolerância institucional: em 1966, foi aprovada na Paraíba uma lei que obrigava sacerdotes e sacerdotisas dessas religiões a se submeterem a exame de sanidade mental, por meio de laudo psiquiátrico; e, na Bahia, o cadastro dos templos das religiões de matriz africana em delegacias de polícia perdurou até 1976.

A atual Constituição, promulgada em 1988, depois do fim do regime militar, estabeleceu que a liberdade de crença é inviolável e determinou que os locais de culto e as liturgias fossem protegidos por lei. Depois disso, uma lei federal promulgada em 1997 considera crime inafiançável e imprescritível a prática de discriminação ou preconceito contra religiões. No entanto, o sentido simbólico de crenças que vão na contramão do *status quo* gerou tanto reações simbólicas quanto atos puramente violentos, acompanhando as flutuações das polarizações ideológicas ou o acirramento das guerras culturais.

Invasão de terreiros, depredação de imagens, atabaques rasgados e agressões físicas – como a da menina Kaylane Campos, de 11 anos, que foi notícia em 2016 ao ser atingida por uma pedra na cabeça quando voltava de uma casa de culto na Penha, na zona norte do Rio de Janeiro, trajando vestimentas de candomblé. Apesar de responderem por apenas 0,3% da população brasileira, os praticantes das religiões de matriz africana são os principais alvos de ataques. Dados da Comissão de Combate à Intolerância Religiosa do Rio de Janeiro mostram que mais de 70% dos 1.014 casos de ofensas, abusos e atos violentos registrados no estado entre 2012 e 2015 foram contra praticantes dessas religiões.

E no Distrito Federal, onde 0,2% dos moradores seguem tais crenças, dados da Delegacia Especial de Repressão aos Crimes por Discriminação Racial, Religiosa ou por Orientação Sexual ou Contra a Pessoa Idosa ou com Deficiência (Decrin) mostraram que, entre 2016 e 2019, 59,42% dos crimes de intolerância religiosa atingiram esse grupo. Aliás, a própria Decrin foi criada depois de um incêndio no templo Axé Oyá Bagan, conhecido como Casa da Mãe Baiana, durante uma madrugada de 2015 – possivelmente um atentado, apesar de nunca esclarecido.

Medidas de segurança também tiveram de ser tomadas em São Paulo, onde foram criadas, em 2021, a Delegacia de Polícia de Repressão aos Crimes Raciais, contra a Diversidade Sexual e de Gênero e Outros Delitos de Intolerância e a Delegacia da Diversidade On-line, para registro eletrônico de ocorrências de intolerância ou preconceito por diversidade sexual, racial e religiosa. O motivo foi o crescimento dos episódios criminais contra as populações que se encaixam em algum desses setores: em 2016, foram registrados 5.214 boletins de ocorrência relatando intolerância religiosa; em 2021, foram 15.296 denúncias, segundo dados da Secretaria de Segurança Pública de São Paulo.

O fenômeno, no entanto, não se restringe a esses estados; trata-se de algo de esfera nacional. Segundo matéria da *Folha de S.Paulo* de 18 de abril de 2022, "cerca de 62% das vítimas de intolerância religiosa no Brasil declararam ao Disque 100 – canal federal de denúncias – professar uma fé de matriz africana, como umbanda e candomblé. Evangélicos somaram 9,8% dos casos; católicos, 4,8%".

Apesar dessas medidas institucionais, há uma clara diferença de tratamento oficial das diferentes agressões. Em 1995, Sérgio Von Helder, pastor da neopentecostal Igreja Universal do Reino de Deus, chutou em rede nacional de TV uma imagem de Nossa Senhora Aparecida, um dos símbolos da religião católica e "padroeira do Brasil". A agressão, que remonta à tradição evangélica – cuja raiz protestante não reconhece santos – de crítica ao culto católico de imagens, ganhou enorme destaque na mídia e levou à rápida condenação de Von Helder a dois anos de prisão. Foi a primeira vez em que alguém foi condenado pela Justiça brasileira por discriminação religiosa, mas, por ser réu primário, ele pôde apelar para responder em liberdade e, em seguida, foi transferido para os Estados Unidos pela Igreja Universal.

Em contrapartida, poucos casos de violência física contra praticantes de religiões afro-brasileiras são esclarecidos e punidos exemplarmente – e o próprio Dia Nacional de Combate à Intolerância Religiosa é uma metáfora irônica dessa discrepância. A data foi instituída em 2007 e é celebrada em 21 de janeiro em alusão à morte da ialorixá baiana Gildásia dos Santos e Santos. Conhecida como Mãe Gilda, fundadora do terreiro de candomblé Ilê Asé Abassá, em Itapuã, distrito de Salvador, Gildásia teve a casa e o terreiro invadidos na esteira do ódio religioso.

Depois da publicação, em 1999, de uma matéria intitulada "Macumbeiros charlatões lesam o bolso e a vida dos clientes", no jornal *Folha Universal*, vinculado à Igreja Universal do Reino de Deus, Mãe Gilda e o marido sofreram agressões verbais e ameaças a sua integridade física, além de depredações de seu espaço religioso. Depois desses episódios de ódio, sua saúde se deteriorou e ela acabou morrendo na data que agora se associa ao combate à intolerância religiosa. Em resposta a isso, o processo movido pela Koinonia, entidade que representa grupos historicamente oprimidos, levou a Igreja Universal a ser condenada a indenizar a família em mais de R$ 1 milhão. O processo acabou tramitando em diferentes instâncias da justiça até que o Supremo Tribunal Federal reduzisse a indenização para menos de R$ 150 mil, em 2008.

O contraste é eloquente: a agressão contra um ícone da religião católica ganha ampla repercussão nacional e punição instantânea pela justiça; o constrangimento moral, a ameaça física e a violência contra o patrimônio de uma ialorixá tem repercussão local e os agressores são condenados a pagar uma indenização desidratada e protelada para quase dez anos depois do incidente. E, no mercado dos bens simbólicos, o réu que atentou contra o credo hegemônico inaugura um novo regime jurídico em relação aos crimes de intolerância religiosa, enquanto a vítima de um crime com consequências vitais recebe uma reparação póstuma e, para efeitos práticos, inócua.

As datas e os protagonistas desses dois episódios emblemáticos são importantes. Além de os dois crimes terem os mesmos agentes – religiosos da Universal –, ambos aconteceram nos anos 1990, período de consolidação das igrejas neopentecostais, que, ao final da década anterior, passaram a ter jornais e emissora ou horários generosos nos canais de TV aberta para difundir seus cultos e conquistar novos adeptos, numa escalada que prevê que em dez anos os evangélicos terão ultrapassado o número de católicos no Brasil. No último censo, em 2010, estes ainda correspondiam a 64,6% da população. Segundo estimativas referentes a 2022, haveria 49,9% de católicos e 31,8% de evangélicos/pentecostais; e, para 2032, a projeção é de que 38,6% se declarem católicos e 39,8% se digam evangélicos.

**

Há um equilíbrio de forças e a potência dominante teme e respeita a potência emergente: até se choca e passa reprimendas quando alguém "chuta a santa", mas ignora o famigerado "chuta que é macumba". Isso fica claro quando surgem questões de costumes que decorrem da religião ascendente e são instrumentalizadas pelos setores políticos mais conservadores: casamento homoafetivo, educação sexual, descriminalização das drogas e, sobretudo, o direito ao aborto.

Esse último se tornou a questão central da polarização política em torno dos costumes. Partidos políticos e instituições da elite tradicional se dividem entre quem é a favor e contra critérios que permitam a interrupção da gravidez de forma mais ampla. No entanto, mesmo aqueles que são programaticamente favoráveis ao aborto e reconhecem o direito da mulher sobre seu corpo se veem constrangidos a esconder sua posição em comícios e campanhas políticas, para evitar a rejeição do eleitorado conservador, cada vez mais aglutinado em torno de uma religiosidade populista e moralista.

O tema é delicado e poderia (ou deveria) ser discutido em termos de bioética, examinando a legitimidade e o direito de se interromper uma vida em seus primeiros estágios. Nesse caso, o aborto teria de ser discutido à luz de evidências científicas sobre os estágios de desenvolvimento do feto (a partir de que momento o feto se torna um ser senciente?) e do ponto de vista de conceitos jurídicos, filosóficos, sanitários e morais laicos (o feto já é um indivíduo com os direitos universais do ser humano?). Nada disso, porém, passa pela histeria fundamentalista que toma o debate na esfera pública.

Na contramão de países profundamente católicos, como Portugal e Itália, que têm regras mais permissivas e delegam à mulher a decisão, não importando os riscos da gravidez, o Brasil e os Estados Unidos fizeram do aborto um item da agenda conservadora e um dos pontos mais sensíveis das guerras culturais. Defensores do aborto são imediatamente assimilados a progressistas, por sua vez identificados como esquerdistas que, fechando o círculo, são vistos como ameaças aos valores da família tradicional em todos os campos.

Há uma tautologia: ser a favor do aborto é ser progressista/esquerdista e ser progressista/esquerdista é ser a favor do aborto. A discussão não se coloca em termos éticos (abstratos, laicos e universais), mas morais (prescritivos e com fundamentos na tradição religiosa) e ideológicos, dentro de uma busca por supremacia política.

No caso mais rumoroso e emblemático, acontecido em 2020, uma menina capixaba de apenas 10 anos engravidou depois de ser estuprada sucessivas vezes por um tio abusador. Como a gravidez já estava no sexto mês, o hospital do Espírito Santo em que foi atendida se recusou a realizar o aborto, alegando que o seu estado avançado contrariava os protocolos médicos e legais. Com autorização da justiça, ela foi levada a Recife para o procedimento, o que gerou uma mobilização de grupos religiosos e antiaborto, que cercaram a clínica em que foi atendida.

Contando com parlamentares da chamada bancada evangélica, membros do Movimento Pró-Vida e do grupo católico pernambucano Porta Fidei, os manifestantes fizeram orações, acusaram em coro os médicos de serem assassinos e tentaram impedir a interrupção da gravidez. Além disso, ativistas de extrema direita divulgaram nas redes sociais o endereço da clínica (para engrossar os protestos) e o nome da mãe da menina – ferindo, assim, o Estatuto da Criança e do Adolescente (ECA), que protege a identidade de menores. Posteriormente, com o aborto já realizado, foi noticiado que, à época, ministra da Mulher, da Família e dos Direitos Humanos, a evangélica Damares Alves, atuou para impedir que a criança passasse pelo procedimento.

Essa mobilização de ativistas e autoridades parlamentares e do poder executivo deixa claro que a questão transcende o âmbito religioso, das convicções morais ou íntimas – da mesma maneira que alguns casos de agressões transfóbicas se travestem de motivações religiosas a serviço de interesses políticos. É o caso do adolescente que, em junho de 2022, teve a casa apedrejada na cidade de Poções, no sudoeste da Bahia, ao reivindicar o direito de ser chamado pelo nome social na escola em que estudava. Segundo o Ministério Público do estado, os atos de ódio teriam sido incentivados por um pastor da região, que conclamou os fiéis a protestar contra o projeto de lei de uma vereadora local, propondo que pessoas trans pudessem ser chamadas pelos nomes sociais nas instituições de ensino.

Ações dessa natureza se disseminam em todos os campos, industrializando a questão religiosa a serviço de um refluxo conservador que pretende reverter conquistas de minorias históricas e beneficiar grupos de exploração econômica ligados ao atual governo de extrema direita (lembro aos leitores que escrevo este livro em 2022, antes das eleições presidenciais). O relatório "Violência Contra os Povos Indígenas no Brasil", do Conselho Indigenista Missionário (Cimi), traz dados de 2020 que mostram como o avanço de pastores evangélicos e neopentecostais sobre áreas indígenas está associado a interesses de garimpeiros, madeireiros, caçadores e pescadores ilegais.

O documento revela que missionários evangélicos têm tentado fazer sucessivos contatos com povos indígenas isolados voluntariamente, colocando em risco sua sobrevivência, mas o motivo não é evangelizador, e sim político-econômico. A Instrução Normativa nº 09/2020, publicada pelo governo federal para permitir a certificação de imóveis privados dentro de territórios indígenas ainda não homologados, "insuflou as invasões dos territórios e a violência contra os indígenas, em plena pandemia". Ainda segundo o Cimi, "a Funai mudou por completo a política de proteção destes povos, assumindo a política do contato e da invasão para liberar os territórios, através de igrejas neopentecostais às quais entregou o setor de proteção".

No Amazonas, a União dos Povos Indígenas do Vale do Javari (Univaja) – onde há a maior concentração de indígenas isolados do mundo – alerta para o incremento do garimpo nas terras indígenas. É a mesma região na qual foram assassinados, em junho de 2022, o indigenista Bruno Araújo Pereira e o jornalista britânico Dom Phillips, no caso que explicitou internacionalmente a associação entre a política antiambiental do governo Bolsonaro e a criminalidade de indivíduos e grupos à margem da lei. E a mesma região em que lideranças dos povos Marubo e Mayoruna denunciaram tentativas de invasões de terras (com uso de hidroavião, drones e armas de fogo) por evangélicos fundamentalistas ligados à Missão Novas Tribos, cuja página na internet informa que sua missão é "expandir o Reino" para "impactar e alcançar povos ainda não alcançados com o evangelho de Cristo".

O documento diz que, em março de 2020, "a Univaja denunciou a invasão de sua sede e ameaças e intimidações, por parte de missionários, para que autorizasse uma expedição ao interior da TI Vale do Javari, na região do igarapé Lambança, habitada por indígenas isolados" e que "o contato forçado e o desrespeito à escolha do 'isolamento' e do direito à autodeterminação levaram numerosos povos indígenas isolados ao extermínio ou à drástica redução populacional. Esta prática ainda é mais abominável quando se associa à defesa de determinados interesses econômicos e/ou religiosos".

O uso instrumental da religião não poderia ser mais explícito. Ou seja, não há objetivos "catequéticos" nas missões evangélicas, mas intenções materiais – e até genocidas. Durante a pandemia do novo coronavírus, continua o documento do Cimi, um grupo de dez membros da igreja evangélica Jocum acampou na aldeia Cachoeira do povo Krahô, no Tocantins, promovendo aglomerações que visavam desrespeitar as medidas de prevenção da doença. E, no Pará, pastores neopentecostais realizaram pregações contra a vacina entre os Munduruku, dentro de uma ação mais geral e coordenada, nas aldeias da região amazônica, de desinformação sobre a pandemia e a vacinação por meio de emissoras de rádio que difundiam notícias "acerca da ineficácia da vacina e dos problemas que esta geraria na vida futura ou na morte prematura".

Levando em conta o passado colonial brasileiro, essas ações soam como uma tentativa macabra de reeditar o genocídio epidemiológico que dizimou boa parte dos povos originários. Com a diferença de que, no período colonial, a morte dessa população se deveu ao contato do colonizador com populações sem imunidades para doenças trazidas de outros continentes. Agora, ao contrário, tenta-se o contato com a deliberada intenção de romper a rede de proteção sanitária construída por políticas de preservação das culturas nativas. O que era uma *decorrência* da colonização (que incluiu ações genocidas, mas não na forma epidemiológica, que é uma noção moderna) se transformou em *propósito*.

Duas observações importantes. O Cimi, organismo responsável por esse relatório com denúncias de evangélicos/neopentecostais, é vinculado à Conferência Nacional dos Bispos do Brasil (CNBB), ou seja, uma instituição da Igreja Católica – o que indica a existência de um enfrentamento entre as religiões dominantes no país.

E, por fim, chama atenção, neste livro dedicado ao cancelamento, que os casos de intolerância religiosa – que fazem contraponto às atitudes agressivas que estão na gênese dessa dinâmica – não gerem uma mobilização semelhante à dos ataques racistas, misóginos e homofóbicos.

Como dito no início do capítulo, isso se deve em parte ao fato de que grupos religiosos são muito heterogêneos e de que mesmo minorias religiosas (como as crenças de matriz africana) incluem seguidores de diferentes estratos sociais e econômicos – o que, associado ao racismo, acaba por neutralizar ou inibir ações coordenadas. O mesmo se aplica à questão do aborto, que afeta mulheres de todas as classes. Essa falta de coesão identitária revela outra nuance: a ausência de empatia entre pessoas de níveis econômicos diferentes. Não se pode deixar de mencionar o fato de que, quando a intolerância religiosa tem por objeto comunidades indígenas, uma população ainda mais marginalizada é atingida e que, por diversas razões, não tem força alguma no mundo hiperconectado da internet e das redes sociais.

Além dessas questões da diferença de esfera cultural ou da fragmentação identitária, há outro dado, mais objetivo e perverso. Por se voltar contra contingentes desmobilizados ou apartados das ferramentas de denúncia, a intolerância religiosa se dá mais livre e descaradamente. Não se torna alvo das mobilizações virtuais que produzem mudanças no mundo real e induzem as autoridades à aplicação mais rigorosa das leis.

Esse vácuo de reações contrasta com a violência recorrente e com o efeito devastador dos atos de intolerância religiosa, explicitando a potência das forças hegemônicas quando estas não encontram obstáculos. Mesmo quando encontram reação, porém, essas forças mostram os dentes de uma forma mais complexa e eficaz: apropriando-se e pervertendo as armas da resistência – tema do próximo capítulo.

Capítulo 11.
O império contra-ataca

Como assinalei na introdução deste livro, uma das grandes motivações que tive para escrever estas páginas foi minha indignação não com o cancelamento em si, mas com o que se estava fazendo com a transgressão do uso dessa expressão e o aparelhamento, no sinal inverso, da sua mecânica. Assediadores, racistas e misóginos, num passe de mágica, deixaram de ser culpados para assumir o posto de "vítimas de cancelamento".

Foram muitos os avanços que grupos identitários alcançaram por meio do uso do engajamento on-line, para levantar suas pautas, e das práticas de cancelamento, para descortinar agressões e agressores. Os constrangimentos, contudo, também não foram poucos. Em todos esses séculos foram várias as estratégias para contra-atacar qualquer virada de jogo por parte dos grupos identitários. E, como não poderia deixar de ser, o sistema do *establishment* se movimentou muito rápido para restabelecer seus pilares de controle social também na dinâmica do cancelamento.

Até agora, são três as principais estratégias do "Império" para a retomada do controle das narrativas, das quais trataremos a seguir.

Confusão em torno do conceito

Provocar uma grande confusão em relação ao uso do termo cancelamento, da sua prática, desqualificar sua aplicação.

Transformar qualquer debate, discussão, reclamação e ataque nas redes em cancelamento. Se tudo é cancelamento, nada é cancelamento, e fica fácil assim tirar o mérito das questões, transformando agressores e criminosos em vítimas dessa "grande e tóxica cultura" que é a "cultura do cancelamento". Ou seja, Harvey Weinstein, mais do que abusador, foi vítima de uma grande campanha de cancelamento. E por aí vai.

Nessa toada, uma das grandes estratégias foi a deturpação da ideia da liberdade de expressão para colar a imagem de censor em quem reage a crimes de injúria. Ora, liberdade de expressão…

Não há questionamento da importância da liberdade de expressão num mundo democrático. Não existe democracia sem liberdade de expressão. No entanto, qualquer forma de expressão está livre de ser criminalizada? No Canadá, discurso de ódio, propaganda de ódio contra pessoas ou grupos de pessoas, glorificação de atos terroristas, já são crimes. Na Alemanha, assim como em outros países da Europa, negar a existência do Holocausto e propagar o nazismo também é crime. Então, não se trata de uma novidade. Nessa linha, negar a existência do racismo no Brasil, responsável por tantas e tantas mortes ao longo dos séculos – e até hoje –, não poderia também ser um crime?

Em maio de 2019, António Guterres, Secretário-Geral da ONU, disse, em texto publicado no site da organização: "Combater o discurso de ódio não significa limitar ou proibir a liberdade de expressão. Significa, sim, impedir que o discurso de ódio escale para algo mais perigoso, como a promoção da discriminação, de hostilidade e violência, o que já é proibido por leis internacionais".

Vejam bem, estamos falando de exceções, mas não interessa. A ideia de transformar o cancelamento em censura à liberdade de expressão é uma estratégia dos que historicamente monopolizam o debate público e hoje, por pressão das redes, se veem confrontados e responsabilizados pelo que escrevem, dizem e propagam. Ter ideias combatidas, discutidas, confrontadas, assim como ser responsabilizado por elas, é parte do jogo. Escrever e provocar reações e questionamentos está no *job description* do intelectual ou jornalista.

O que falta aí é a empatia no sentido de entender que existem outras ideias e correntes ganhando espaço de forma afirmativa na mesa de discussão e que o monopólio dos que tradicionalmente ocupam esses espaços acabou. A prateleira está mais cheia de produtos diferentes, ideias diferentes, e nesse ecossistema de debate pode ser que suas ideias tenham envelhecido mal e perdido a validade.

Daí a importância de produção de trabalho intelectual, acadêmico e informativo para melhor definição dos termos e aplicações, a fim de puxar o fio da meada do entendimento até o ponto em que seja possível separar o que é joio e o que é trigo nos milhões de debates e disputas dos últimos anos que receberam o carimbo de cancelamento, mas que talvez fossem apenas debates e disputas.

Contrainformação, comportamentos automatizados e uso de *bots*

Um dos fenômenos mais difundidos, dentro desse quadro de contra-ataque do Império, é o cancelamento às avessas. Ou seja, a mobilização de pessoas e grupos que foram cancelados por ofensas a indivíduos e grupos identitários para retribuir na mesma moeda. Cria-se, assim, um ambiente tóxico em que o remédio vira veneno. O cancelado vira cancelador. Ou tenta ser – e, assim, expõe as diferenças entre a dinâmica do cancelamento e as apropriações que a desvirtuam e invertem seu sentido emancipador. O *status quo* se apropria da dinâmica do cancelamento e perverte seu sentido, gerando ataques, amedrontamento e prejuízos reais a um grupo de pessoas mais fraco, historicamente vulnerável e com menos estofo para sobreviver a esses ataques.

Na prática, essa turma já fazia uso, há séculos, de toda uma blindagem de comunicação, estrutura de produção e distribuição de conteúdo e grande aparato repressor, físico, social e jurídico, para proteger-se de qualquer tipo de exposição, constrangimento ou ameaça. Provocar mobilização social, ou aparência de mobilização social, não era algo necessário; ao contrário, era abafado. Quando, porém, os estratos oprimidos começaram a se insurgir, provocando danos de imagem e os decorrentes prejuízos materiais e econômicos a esse lugar de poder, foi necessário recuperar o tempo perdido, mimetizar formas de arregimentação semelhantes às dos grupos identitários.

Vemos isso acontecer quando autoridades acusadas de homofobia, misoginia ou racismo reagem nas redes sociais contra quem os acusou ou cancelou, recebendo a adesão aparentemente avassaladora de legiões de apoiadores. Depois de ser exposto e confrontado pelos movimentos progressistas, o sujeito vê-se abraçado pela extrema direita e torna-se mais um de seus porta-vozes. Ou seja, de cancelado a deputado.

Tal situação tornou-se mais explícita quando um governo reacionário, contrário a políticas de inclusão social, chegou ao poder no Brasil. O fato de Bolsonaro ter sido eleito em 2018 indica que existe um contingente real de eleitores que votaram em sua agenda de ultradireita, disfarçada de propostas econômicas supostamente liberais, mas com escancarada pauta de costumes, contrária à política de quotas raciais, ao direito ao aborto e à preservação dos povos originários e cuidados com o meio ambiente.

Bolsonaro passou anos e anos como um deputado de baixo clero, alvo de piadas e de inúmeros cancelamentos por parte de grupos progressistas e, veja só, isso o fortaleceu.

A eleição de Bolsonaro mostra a eficácia dessa estratégia de buscar engajamento pelo embate, que captou o clima das guerras culturais e o colocou no topo do tsunami da extrema direita que atingiu o mundo inteiro naquele período. Bolsonaro conseguiu entender mais rapidamente a dinâmica das redes sociais, apoderar-se de todo um vetor contrário e aparelhar seu exército com técnicas escusas como produção de *fake news* e sua distribuição em massa, além do uso de *bots* – que, como já vimos, são contas falsas, com controle automatizado, que alimentam os algoritmos de modo artificial, gerando engajamento real em tópicos, pessoas e notícias.

Uma dessas estratégias foi o financiamento ilegal, por empresários ligados a Bolsonaro, de impulsionamento de conteúdo favorável à sua candidatura, sobretudo com disparos de WhatsApp – conforme reportagem da jornalista Patrícia Campos Mello (que, aliás, seria mais tarde alvo de ataques sexistas por parte do presidente eleito).

Mesmo tendo sido uma estratégia usada, revelada e até mesmo criminalizada depois das eleições, ainda no início de 2022, um fato largamente noticiado, a compra do Twitter pelo magnata conservador Elon Musk mostrou mais uma vez a verdadeira natureza dessa mobilização. Musk foi recebido no Brasil pelo presidente e saudado como um aliado que neutralizaria a ação de ativistas que contestavam *fake news* ou postagens discriminatórias de políticos populistas – e que vinham levando as redes sociais a bloquearem seus perfis ou apagarem suas mensagens.

Com o anúncio de que o Twitter passaria a mãos mais indulgentes com tais postagens, o número de seguidores de Bolsonaro e aliados no Twitter aumentou em dezenas de milhares. No entanto, um levantamento promovido pela Bot Sentinel, plataforma que verifica a autenticidade de perfis na internet, mostrou que 64% dessas novas contas não passavam de robôs, criados artificialmente para simular engajamento.

De um lado, a prática demonstra uma compreensão do novo papel do ambiente digital como canal de comunicação e de intervenção. Afinal, por mais que a adesão do eleitorado conservador tenha se constituído de forma artificial – por envios maciços de mensagens por sistemas automatizados ou por meio de contas criadas por *bots* –, o resultado foi a eleição de Bolsonaro em 2018 e uma eleição duríssima e complexa em 2022, sendo vencida por Lula com uma margem muito apertada, apesar de todas as estratégias políticas, econômicas e digitais.

De outro lado, essas práticas expõem as limitações e a diferente natureza das mobilizações, conforme tenham ou não o engajamento real de grupos historicamente oprimidos. Pode-se dizer que, na campanha presidencial de 2018 (e a exemplo do que já havia acontecido nas campanhas de Barack Obama e Donald Trump nos Estados Unidos), Bolsonaro encontrou nas redes sociais um instrumento de propaganda mais eficaz do que os veículos tradicionais da mídia, em especial a televisão. Sua campanha, porém, não mudou na essência a estrutura participativa, que continuou congregando estratos muito heterogêneos (de empresários a grupos evangélicos ou neopentecostais) que se manifestavam em comícios e na própria votação que o levou ao poder – daí a necessidade de simular engajamento virtual, como forma de alardear apoio estatístico.

Ao contrário, os grupos identitários atuam num plano capilarizado, porém concentrado em reivindicações singulares, conforme o nicho no qual atuam e no qual têm participação efetiva. Vem daí a situação paradoxal: na disputa pelo poder político, os grupos identitários são muitas vezes incapazes de vencer as forças hegemônicas (como se viu na maré reacionária que tomou os Estados Unidos, com Trump; e o Brasil, com Bolsonaro); em contrapartida, na seara das guerras culturais, o domínio das ferramentas digitais e o engajamento produz modificações no próprio meio de atuação, com as redes sociais (que podem filtrar as postagens robóticas) se vendo obrigadas a encontrar formas de identificar e favorecer postagens autênticas, que traduzem engajamentos reais.

Obviamente, na guerra cultural, muitas corporações ligadas a setores conservadores passaram a usar *bots* e sistemas automatizados para simular engajamento ou descredibilizar grupos identitários. Entretanto, o que tenho chamado aqui de dinâmica do cancelamento se define por um reequilíbrio de forças que é indissociável da experiência histórica de quem toma a palavra contra quem sempre deteve seu controle. Assim como formas de exclusão do passado (ostracismo, exílio, excomunhão, boicote) são precursoras do cancelamento, que, entretanto, invertem o sentido do mando no imaginário social, o cancelamento reverso, praticado contra os grupos tradicionalmente oprimidos, tende a não ficar restrito a esse âmbito do imaginário.

Ao contrário, representa aquilo que tanto criminalistas quanto psicanalistas descrevem como "passagem ao ato", ou seja, a conversão de um impulso a sua realização concreta. Isso fica patente na retórica de ódio que com frequência atravessa as postagens da internet e que transpassa da exclusão simbólica das redes para ameaças de agressão e eliminação física na vida concreta.

Se o cancelamento pelos grupos identitários representa uma apropriação, em ambiente digital, dos modos de exclusão pretéritos, a apropriação da dinâmica do cancelamento por grupos não identitários recupera a truculência de práticas passadas, fazendo do cancelamento digital um trampolim para manter ou restaurar a violência à qual esteve ligada sua hegemonia. Isso fica claro quando contrastamos as consequências do cancelamento, em seu sentido original, com as consequências da perversão do cancelamento, que logo se associam a modalidades consagradas de dominação.

No mundo em que a multidão composta de singularidades substituiu a massa pasteurizada, em que um "império horizontal" está em litígio contra o Império que tenta dominar e controlar essa multiplicidade, a revolução deu lugar a combates pontuais – que podemos visualizar com base na dinâmica do cancelamento e suas sublevações identitárias, que modificam aos poucos a sensibilidade e provocam mudanças silenciosas nas estruturas do poder.

Muitas vezes ruidoso em sua manifestação imediata, no barulho que reverbera nas redes, o cancelamento não deixa de ser pacífico – ou, pelo menos, de ser portador de uma violência mais simbólica, no campo da expressão e das escolhas pessoais. Uma violência simbólica que, justamente por perturbar a ordem estabelecida, gera um contra-ataque de violências concretas, revelando a assimetria entre quem protesta e quem agride.

E daí vamos para a terceira e mais forte arma de contra-ataque das classes historicamente dominantes.

Judicialização e o assédio processual

Isso ocorre quando, com base em leis criadas para proteger as elites econômicas – que, além disso, têm dinheiro em caixa para pagar os melhores advogados e bancar processos mais longos –, agressores miram judicialmente na vítima de um abuso, ou em qualquer denunciante, transformando-a em ré num processo por difamação, tão demorado, emocionalmente violento e custoso, que torna impossível uma vitória de quem é processado.

Um caso de ampla repercussão midiática em 2022 aconteceu quando o ator norte-americano Johnny Depp, acusado de agressão física por sua mulher, a atriz Amber Heard, moveu contra ela um processo por difamação, além de lançar contra Amber as mesmas acusações de violência doméstica.

Independentemente da comprovação dos fatos, de ter havido ou não violência recíproca, de quem difamou quem, o julgamento terminou por condenar ambos, porém com maiores benefícios para Depp, e abriu um flanco para desestimular as pessoas a denunciarem e se exporem em casos semelhantes.

Um flanco que, na esfera de pessoas comuns, sem a celebridade ou a conta bancária dos envolvidos, já estava aberto. Em janeiro de 2021, por exemplo, o Universa (plataforma do portal UOL voltada para o público feminino) trouxe duas matérias mostrando episódios de assédio processual ocorridos com mulheres depois de denunciarem ter sofrido agressões físicas e estupros pelos próprios parceiros.

Num caso, tratava-se de uma vítima (cuja identidade foi mantida anônima na reportagem) que revelou a violência sofrida em postagens nas redes sociais nas quais não mencionava o nome do agressor. No entanto, o acusado fez um boletim de ocorrência denunciando-a por calúnia e difamação. Ou seja, ao recorrer à justiça para silenciar a vítima, o agressor acabou revelando sua identidade e assumiu ser o alvo das acusações. Um episódio que mostra como assediadores se sentem protegidos pela lei e por um sistema judiciário no qual – como explicou a advogada Gabriela Souza, do escritório Advocacia para Mulheres – existe o "mito da mulher perversa", que buscaria vingança ou algum benefício econômico.

No outro episódio relatado pelo Universa, uma influenciadora digital (Pétala Barreiros) foi impedida por decisão judicial de falar publicamente sobre as agressões que sofria do ex-marido e comprovadas por vídeos postados nas redes sociais. Mais do que isso: em flagrante incoerência, a vítima obteve uma medida protetiva que impedia o ex-marido de se aproximar dela, mas foi proibida de narrar sua história.

Os dois casos mostram a discrepância entre, de um lado, a denúncia digital e o potencial cancelamento de um abusador e, de outro, o contra-ataque que utiliza as antigas armas judiciais de uma cultura sexista e misógina para colocar a salvo de exposição pública um agressor que, de resto, se sente imune a condenações pelo crime de que é acusado.

Outra modalidade de assédio processual é aquela em que existe uma ação coordenada para processar alguém em diferentes tribunais, inviabilizando sua vida econômica e transformando seu cotidiano num inferno jurídico. É o que aconteceu recentemente com o escritor João Paulo Cuenca, que postou uma frase agressiva contra bolsonaristas e evangélicos em sua conta no Twitter.

Em resposta a uma notícia de que o governo iria subsidiar canais e emissoras de igrejas evangélicas, apesar de terem dívidas com o Estado, Cuenca tuitou uma frase bastante forte: "O brasileiro só será livre quando o último Bolsonaro for enforcado nas tripas do último pastor da Igreja Universal". Na realidade, trata-se de uma paródia do trecho do testamento de Jean Meslier, um padre ateu e anticlerical do século XVIII que criticava a corrupção do Estado e da Igreja: "Gostaria, e este será o último e mais ardente de meus desejos, que o último rei fosse estrangulado com as tripas do último padre".

Embora se possa questionar sua adequação em tempos de violência ideológica, o fato de a postagem ser a paródia de uma citação clássica poderia eliminar qualquer conotação de incitação à violência. Por ignorância ou má-fé, porém, lideranças evangélicas moveram, numa ação coordenada, mais de cem processos conta Cuenca em diferentes cidades do Brasil, com pedidos de indenização que, somados, chegam a R$ 2 milhões e obrigam o escritor a se deslocar para audiências em locais com distâncias continentais. A estratégia é clara: diante da possibilidade de que Cuenca fosse absolvido em nome da liberdade de expressão, o assédio processual visaria "quebrar" o réu economicamente, obrigando-o a bancar advogados e as viagens para se defender na Justiça.

Casos semelhantes já vinham acontecendo com jornalistas antes mesmo da era das redes sociais, como ocorreu com Elvira Lobato, que se tornou alvo de cerca de cem ações da Igreja Universal e de seus fiéis depois de publicar matéria na *Folha de S.Paulo*, em 2007, na qual informava que a entidade tinha ligações com uma empresa no paraíso fiscal na ilha de Jersey, no canal da Mancha.

E, mais recentemente, em 2020, o então ministro da Justiça e pastor presbiteriano André Mendonça acionou a Polícia Federal para intimar o colunista Hélio Schwartsman, também da *Folha*, a depor em inquérito com base na Lei de Segurança Nacional por ter escrito o texto intitulado "Por que torço para que Bolsonaro morra". O artigo partia da notícia de que o presidente havia contraído covid-19 e, de forma provocativa, refletia sobre os benefícios da morte de quem adota uma postura negacionista a respeito da pandemia, o que induz a população a não manter distanciamento social e, portanto, a se expor aos efeitos letais do coronavírus.

Nesse último caso, o assédio processual não veio na forma de ação coordenada, mas partiu de uma das mais altas esferas da estrutura de poder do Estado. O que chama a atenção, entretanto, são dois fatos.

Em primeiro lugar, a migração do debate da seara do jornalismo e do confronto de opiniões da esfera digital para a esfera judicial. Se a dinâmica do cancelamento é um fenômeno privilegiado para mirar as guerras culturais e as armas simbólicas usadas por grupos historicamente oprimidos, as tentativas de cancelamento legal extrapolam a esfera digital e se inserem num contexto de contra-ataques que utilizam a antiga artilharia de dominação.

Em segundo lugar, explicita-se nesses episódios a estratégia não apenas de apropriação da dinâmica do cancelamento, mas de distorção semântica de noções que a embasam. Os grupos que processam jornalistas ou colunistas que manifestam opiniões são os mesmos que evocam a liberdade de expressão para contestar investigações sobre *fake news*, justificar injúrias e difamações ou questionar a prisão de quem incita a violência.

Nos casos anteriormente citados, há reportagens apuradas com base em fontes e documentos e manifestação de pontos de vista fortes, mas que não conclamam a ações concretas. Em contrapartida, as prisões do ex-parlamentar Roberto Jefferson, em 2021, e do deputado federal Daniel Silveira, em 2022, que veicularam vídeos incitando a surra a magistrados e a invasão armada do Supremo Tribunal Federal, em meio a acusações de venda de sentenças ou pura ofensa aos integrantes da corte, são consideradas atentados à liberdade de expressão e caracterizadas como punição a um "crime de opinião" – figura jurídica que não consta do Código Penal, mas que tampouco corresponde ao discurso de ódio das postagens, que constituem efetivamente um chamado à violência.

O próprio discurso armamentista em voga distorce a ideia da legítima defesa. Sob o lema de que "o povo armado jamais será escravizado", transfere a ideia do direito à autoproteção individual (limitado à propriedade e à integridade física) para a formação de milícias, violando o princípio do monopólio da violência pelo Estado (a ser aplicado apenas em caso de ameaça territorial, institucional ou criminal) e apoiando-se em *fake news* sobre possíveis fraudes eleitorais no caso de derrota do governo conservador nas eleições presidenciais.

A essa altura, já estamos bem longe do contexto digital das guerras culturais e da dinâmica do cancelamento. Mas é nesse contexto da contrainformação difundida pelas redes sociais que foi semeado o terreno para a reação concreta do Império. Há uma espécie de terrorismo semântico na ideia de que o cancelamento ou de que a exclusão de postagens agressivas pelas redes sociais seja uma "censura", uma vez que a censura é uma prerrogativa oligárquica e empresas privadas podem legitimamente eliminar conteúdos que contrariam seus códigos de ética.

Da mesma maneira, há um insidioso trabalho de deformação da dinâmica do cancelamento, identificando denúncias de agressão sexual ou racista como vingança e transformando o agressor em vítima – como aconteceu no caso do abusador Harvey Weinstein, que alegou ser alvo de uma ação orquestrada –, ou na ideia de que apontar as feridas abertas de nosso racismo estrutural seria uma forma de "racismo reverso", de negros contra brancos. Racismo reverso não existe.

E, para coroar, há uma sutil e eficaz deformação conceitual na ideia de que vivemos numa "cultura do cancelamento". Transformar uma prática que tem raízes numa opressão concreta e uma dinâmica de empoderamento possibilitada pelas redes sociais numa "cultura", numa espécie de "espírito do tempo", significa apagar deliberadamente seu substrato social objetivo. Todo mundo cancela todo mundo, o branco foi cancelado pelo negro, ou vice-versa, o macho foi cancelado pela feminista, ou vice-versa, porque isso faz parte de uma mania ou uma obsessão patológica, típica da era digital e do culto das celebridades, que atende a táticas de sobrevivência e projeção no vale-tudo de uma sociedade competitiva e individualista. Nesses termos caricaturais, a "cultura do cancelamento" seria o efeito residual de um mundo pós-liberal regido pela meritocracia, o lixo digital jogado nas redes por quem guarda ressentimentos por não ter conquistado ascensão econômica, poder e visibilidade, projetando seu rancor sobre os bem-sucedidos.

A questão é complexa e conta com a adesão até de intelectuais progressistas, como o pensador de esquerda norte-americano Noam Chomsky e a escritora canadense Margaret Atwood, que assinaram em 2020, com outros intelectuais de renome, uma "Carta sobre Justiça e Debate Aberto". No documento, que tem como pano de fundo a ideia da "cultura do cancelamento", eles apontam um clima de crescente intolerância e alertam para o fato de que a legítima resistência às forças reacionárias acabou criando dogmas e formas de coerção que passaram a ser mobilizados pelos próprios demagogos de direita.

Como tenho insistido, porém, aquilo que descrevo como "dinâmica do cancelamento" corresponde a uma ação específica determinada por elementos históricos concretos. E, definitivamente, tais elementos não são os mesmos em diferentes contextos.

A expressão "cultura do cancelamento", enfim, é mais um recurso conceitual criado para manter as diferenças estruturais atrás de uma cortina de fumaça e desqualificar a dinâmica do cancelamento como um instrumento da emancipação social e econômica.

Capítulo 12.
Eu, eu mesmo e o cancelamento

Até aqui, como já foi dito, usei o cancelamento como deixa para falar também de muitas outras coisas. Questões correlatas ao cancelamento e que fazem dele uma dinâmica de interação característica de nossos tempos: redes sociais como meio horizontal de expressão, emergência de grupos e discursos identitários como novos protagonistas das lutas políticas e das guerras culturais, apropriação e reversão simbólica de formas de opressão concretas, e que gera uma modificação igualmente concreta na sensibilidade, nas atitudes, nos códigos de ética, nas leis – e nos salários. Mas, assim como a multidão é múltipla, em contraste com a homogeneidade das massas, assim como a multidão é composta de inúmeras singularidades, em contraste com a generalidade do povo, esse "singular coletivo" que engole o indivíduo, o que acontece quando uma dessas singularidades multitudinárias – como vocês, leitores; como eu – se vê naufragar no maremoto algorítmico? Ou, indo direto ao ponto: se foi cancelado, o que fazer?

Bem, se vocês participam do debate público, têm rede social, se expressam, se expõem, têm dinâmicas de relacionamentos, estão conectados e inseridos, discutindo em campo e em rede, não há como fugir: vocês estão sujeitos a ser cancelados, no sentido amplo da forma como a palavra vem sendo usada hoje em dia. Mas será que ser confrontado é ser cancelado? Ter um erro ou equívoco exposto é ser cancelado?

Poderíamos aprofundar a ponto de se estabelecer um padrão para se classificar o que é cancelamento, mas, quando estamos falando de indivíduo, talvez essa seja uma questão irrelevante diante da oportunidade de aprendizado que cada um desses incidentes pode nos oferecer.

Esse momento das guerras culturais numa sociedade baseada em produção e distribuição de conteúdo sobre nós mesmos é muito intenso e confuso. Estamos discutindo, debatendo, formulando teses e regras, desconstruindo padrões, estabelecendo outros, punindo ou recompensando, acertando e errando, enquanto a nave vai, enquanto a vida segue sendo vivida e, mais do que nunca, televisionada.

Os erros são expostos aparentemente de forma desproporcional, pois o indivíduo conectado em rede é transformado em veículo de comunicação. Ele deixa de ser apenas um indivíduo e passa a ser também um símbolo, uma representação. Uma imagem é um manifesto. Um post, um discurso. E, sim, o peso de todo um passado colonial, por exemplo, pode cair como uma bigorna algorítmica na cabeça de apenas um indivíduo cancelado por um post, uma foto ou uma frase que reforce práticas e ideias de preconceito e exploração. Mas o que dizer das milhares de pessoas que há quinhentos anos carregam essas bigornas nas costas todos os dias de suas vidas?

Malcolm X disse: "Não confunda a reação do oprimido com a violência do opressor". O rebote é, sim, forte, violento e poderoso, porque não há outra forma de ser. São séculos de respostas silenciadas e entaladas nas gargantas e que hoje encontram frestas para desaguar, inundar e transformar. Quando o alvo é cada um, quando o alvo sou eu, quando a pessoa se vê no olho do furacão algorítmico, sendo vítima, muitas vezes, de uma inédita injustiça por estar pagando uma conta que não é apenas dela, é preciso que não se perca de vista o mais importante, o fundamental, que é a possibilidade de aprender, evoluir e de andar para frente. Enquanto estamos julgando e sendo julgados, seja em sociedade, seja em nicho ou classe, ou mesmo individualmente, estamos aprendendo.

Gostaria de propor um processo de aprendizado, um guia, uma condução de raciocínio, para ser usado em situações como essa. Vale para si, para aprender com os próprios erros, mas vale para aprender com os erros dos outros também, erros que teríamos cometido, ou que cometemos, até então de forma inconsciente, abaixo da linha de consciência.

São três passos: reconhecer, entender e reparar.

Reconheço que errei, entendi por que errei e vou trabalhar para que esse erro não se repita nem comigo, nem com a sociedade. Nesse momento, mesmo sem entender se o questionamento vem de uma vítima, de alguém historicamente oprimido, e que tem mais autoridade para falar sobre o assunto, é importante que se reconheça a questão. É o pedido de desculpas. Jamais na linha de "desculpas para quem se sentiu ofendido", pois essa frase coloca o motivo do pedido de desculpas na conta de quem se sentiu ofendido, seja lá o que tenha sentido, e não é assim. É preciso que quem errou reconheça que errou. É preciso reconhecer o erro em si, não apenas por seus efeitos na sensibilidade alheia, embora muitas vezes só o percebamos quando estabelecemos empatia com a sensibilidade do outro, quando nos colocamos em seu lugar.

Daí, vamos ao segundo passo, que é entender. Com o erro reconhecido, precisamos nos aprofundar para estruturar mental e emocionalmente as causas desse erro, o caminho que nos levou, que nos leva, a repetir esse tipo de atitude, pensamento ou comportamento. Entender a origem, o caminho, o que há de pessoal e de estrutural, o que é ação e o que é reação, é fundamental não só para que não se erre de novo, como também para se estabelecer estratégias e ações práticas para que esse erro não se repita.

E chegamos ao terceiro passo: reparar. É preciso uma atuação concreta, uma atitude que se sinta na prática, na energia, no tempo e no bolso. "Reparar", nesse caso, também significa compensar. Doar dinheiro para uma causa relacionada, estruturar um plano de ação para que outras pessoas não errem; pagar uma fiança, uma indenização. Investir num programa afirmativo na própria empresa, ou em toda a indústria ou no mercado. Compartilhar parte dos seus ganhos por ser um privilegiado para somar na vida de pessoas que não têm esses privilégios.

"Reparar" é também ir além do ato de doar. Tem a ver com retribuir, isto é, devolver para a sociedade seus aprendizados em forma de ação.

O processo de transformação pessoal passa pela linguagem, pela cabeça, pelo corpo e espírito, e só se materializa quando de fato é exercido, instrumentalizado, materializado. Parar no pedido de desculpas é cinismo, entender o problema e não agir a partir dele é negligência. Esses três passos que proponho, e que muitas pessoas podem até considerar iniciativas dentro de um processo maior chamado de "gestão de crise", garantem que tudo não se resuma a uma disputa, uma crise, um cancelamento. É clichê, mas crises são, sim, encruzilhadas de possibilidades. Cancelamento não é caso para gestão de crise, mas para gestão de oportunidade, de aprendizado. Quando se desqualifica um cancelamento, perde-se a chance de mudar a si mesmo e a sociedade ao redor. Perdemos a chance de andar para frente.

Este ensaio, no fim, é um apelo para que a gente não perca a chance de aprender. Um chamado para olhar o cancelamento, mesmo afirmativo e por vezes agressivo, como um empurrão para nos colocarmos no lugar do outro e evoluirmos enquanto sociedade e indivíduos. Um alerta para que a gente não se perca na maré dos algoritmos e nas armadilhas da extrema direita nas trincheiras das guerras culturais, para que a gente não perca a oportunidade de ouvir, aceitar, reconhecer, entender e, sobretudo, agir na construção de uma sociedade com mais harmonia, respeito e equilíbrio.

Referências

Audiovisual

15 MINUTES of Shame | Trailer oficial | HBO Max. 1º out. 2021. Vídeo (2min12s). Publicado pelo canal HBO Max Brasil. Disponível em: https://www.youtube.com/watch?v=NZEvaWLj7Vc.

Fontes governamentais, institucionais e de pesquisas

GONÇALVES, Bárbara; BRITO, Débora. Março é marcado por aprovação de projetos de proteção e apoio às mulheres. *Agência Senado*, 1º abr. 2022. Disponível em: https://www12.senado.leg.br/noticias/materias/2022/04/01/marco-e-marcado-por-aprovacao-de-projetos-de-protecao-e-apoio-as-mulheres.

JOSÉ, Marta. 21 de janeiro - Dia Nacional de Combate à Intolerância Religiosa. *Governo do Estado de São Paulo*, Secretaria da Justiça e Cidadania, 21 jan. 2021. Disponível em: https://justica.sp.gov.br/index.php/21-de-janeiro-dia-nacional-de-combate-a-intolerancia-religiosa/.

MISSÃO NOVAS TRIBOS DO BRASIL. Disponível em: https://novastribosdobrasil.org.br/.

POVICH, Elaine S. Black Lives Matter, Pandemic Inequalities Drive Racial Impact Laws. *Stateline*, 5 nov. 2021. Disponível em: https://www.pewtrusts.org/pt/research-and-analysis/blogs/stateline/2021/11/05/black-lives-matter-pandemic-inequalities-drive-racial-impact-laws.

STECK, Juliana Monteiro. Intolerância religiosa ainda é desafio à convivência democrática. *Agência Senado*, 16 abr. 2013.

Disponível em: https://www12.senado.leg.br/noticias/materias/2013/04/16/intolerancia-religiosa-e-ainda-e-desafio-a-convivencia-democratica.

USA. National Conference of State Legislatures. *Legislation on Sexual Harassment in the Legislature (NCSL)*, 2 nov. 2019. Disponível em: https://www.ncsl.org/about-state-legislatures/legislation-on-sexual-harassment-in-the-legislature.

VOGELS, Emily A. et al. Americans and 'Cancel Culture': Where Some See Calls for Accountability, Others See Censorship, Punishment. *Pew Research Center*, 19 maio 2021. Disponível em: https://www.pewresearch.org/internet/2021/05/19/americans-and-cancel-culture-where-some-see-calls-for-accountability-others-see-censorship-punishment/.

Imprensa

BISPO da Universal é condenado a dois anos por chutar santa. *Folha de S.Paulo*, 1º maio 1997. Disponível em: https://www1.folha.uol.com.br/fsp/1997/5/01/brasil/36.html.

CASA de adolescente transgênero é apedrejada após ele reivindicar ser chamado pelo nome social em escola na Bahia. *G1 Bahia e TV Sudoeste*, 6 jun. 2022. Disponível em: https://g1.globo.com/ba/bahia/noticia/2022/06/06/casa-de-adolescente-transgenero-e-apedrejada-apos-ele-reivindicar-ser-chamado-pelo-nome-social-em-escola-na-bahia.ghtml.

CAVALIERI, Edebrande. O crescimento das igrejas evangélicas e pentecostais. *Arquidiocese de Vitória, Espírito Santo*, 1º jul. 2021. Disponível em: https://www.aves.org.br/o-crescimento-das-igrejas-evangelicas-e-pentecostais/.

ENTENDA o caso do adolescente negro assassinado na Flórida. *BBC News Brasil*, 23 mar. 2012. Disponível em: https://www.bbc.com/portuguese/noticias/2012/03/120323_entenda_trayvon_florida_cc.

LIRA, Amanda. Com aumento de autodeclaração, Brasil tem 115 milhões de negros, diz IBGE. *Alma Preta*, 22 maio 2019. Disponível em: https://almapreta.com.br/sessao/cotidiano/autodeclaracao-sobe-e-brasil-tem-115-milhoes-de-negros-diz-ibge.

MONICA Lewinsky profile. *People Magazine*, Nova York, 9 fev. 1998.

MOVIMENTO antirracista cresceu 46% no Brasil após assassinato de George Floyd, diz pesquisa. *Alma Preta*, 9 set. 2020. Disponível em: https://almapreta.com.br/sessao/cotidiano/movimento-antirracista-cresceu-46-no-brasil-apos-assassinato-de-george-floyd-diz-pesquisa.

NASCIMENTO, Vinicius. Mãe Gilda: vida e morte de luta e resistência contra a intolerância religiosa. *Jornal Correio*, 17 jul. 2020. Disponível em: https://www.correio24horas.com.br/noticia/nid/mae-gilda-vida-e-morte-de-luta-e-resistencia-contra-a-intolerancia-religiosa/.

O QUE faz o ex-bispo da Universal que chutou a Nossa Senhora há 26 anos? *UOL*, 12 out. 2021. Disponível em: https://tvefamosos.uol.com.br/noticias/redacao/2021/10/12/bispo-chutou-imagem-santa-nossa-senhora-aparecida-na-record.htm.

OLIVEIRA, Isabel. Veja o que aconteceu com o ex-bispo da Universal que chutou Nossa Senhora há 26 anos. *Mais Goiás*, 14 out. 2021. Disponível em: https://www.maisgoias.com.br/veja-o-que-aconteceu-com-o-ex-bispo-da-universal-que-chutou-nossa-senhora-ha-26-anos/.

PREITE SOBRINHO, Wanderley. Denúncias de intolerância religiosa triplicam em 5 anos no estado de SP. *UOL*, 18 abr. 2022. Disponível em: https://noticias.uol.com.br/cotidiano/ultimas-noticias/2022/04/18/intolerancia-regiliosa-estado-de-sao-paulo-umbanda-candomble-evangelicos.htm.

PUFF, Jefferson. Por que as religiões de matriz africana são o principal alvo de intolerância no Brasil? *BBC News Brasil*,

21 jan. 2016. Disponível em: https://www.bbc.com/portuguese/noticias/2016/01/160120_intolerancia_religioes_africanas_jp_rm.

REGO, Jussara. Caso Mãe Gilda. *Koinonia*, Rio de Janeiro, ano 3, n. 3, dez. 2008. Disponível em: http://www.koinonia.org.br/tpdigital/detalhes.asp?cod_artigo=256&cod_boletim=14&tipo=Artigo.

RIOS, Alan. Religiões de matriz africana são alvos de 59% dos crimes de intolerância. *Correio Braziliense*, Brasília, 11 nov. 2019. Disponível em: https://www.correiobraziliense.com.br/app/noticia/cidades/2019/11/11/interna_cidadesdf,805394/religioes-de-matriz-africana-alvos-de-59-dos-crimes-de-intolerancia.shtml.

SANTANA, Fernanda. Impedida de ser ele: criança trans tem casa apedrejada e direito ao nome negado. *Jornal Correio*, 4 jun. 2022. Disponível em: https://www.correio24horas.com.br/entre/impedida-de-ser-ele-crianca-trans-tem-casa-apedrejada-e-direito-ao-nome-negado--0622#:~:text=O%20alvo%20dos%20agressores%20é,ele%20será%20identificado%20por%20R).

VILLA-NOVA, Carolina. Ministra Damares Alves agiu para impedir aborto em criança de 10 anos. *Folha de S.Paulo*, 20 set. 2020. Disponível em: https://www1.folha.uol.com.br/cotidiano/2020/09/ministra-damares-alves-agiu-para-impedir-aborto-de-crianca-de-10-anos.shtml.

ZYLBERKAN, Mariana. Quem são os grupos que tentaram impedir o aborto de menina de 10 anos. *Veja*, 17 ago. 2020. Disponível em: https://veja.abril.com.br/brasil/quem-sao-os-grupos-que-tentaram-impedir-o-aborto-de-menina-de-10-anos/.

Livros

ALIGHIERI, Dante. *A divina comédia*. São Paulo: Editora 34, 2017.

ALMEIDA, Silvio. *Racismo estrutural*. São Paulo: Jandaíra, 2019.

BURKE, Tarana. *Unbound*: my Story of Liberation and the Birth of the Me Too Movement. Nova York: Flatiron Books, 2021.

DAVIDSON, Lotti. *Me Too Movement*: the #metoo Story. Seattle: Amazon Digital Services, 2018.

FARROW, Ronan. *Operação Abafa*: predadores sexuais e a indústria do silêncio. São Paulo: Todavia, 2019.

FAUSTO, Boris. *História do Brasil*. São Paulo: Edusp, 2012.

GOMES, Laurentino. *Escravidão*: volume 1 – Do primeiro leilão de cativos em Portugal até a morte de Zumbi dos Palmares. Rio de Janeiro: Globo Livros, 2019.

GREENE, Jamal. *How Rights went Wrong*: why our Obsession with Rights is Tearing America Apart. Boston: Houghton Mifflin Harcourt, 2021.

HARDT, Michael; NEGRI, Antonio. *Declaration*. [s.l.]: Argo-Navis, 2012.

HARTMAN, Andrew. *A War for the Soul of America*: a History of the Culture Wars. Chicago: University of Chicago Press, 2016.

HAZAREESINGH, Sudhir. *Black Spartacus*: the Epic Life of Toussaint Louverture. Nova York: MacMillan, 2021.

HOBSBAWM, Eric. *Era dos extremos*: o breve século XX – 1914-1991. São Paulo: Companhia das Letras, 1995.

HUNTER, James Davison. *Culture Wars*: the Struggle to Define America. Nova York: Basic Books, 1991.

JAMES, Cyril Lionel Robert. *The Black Jacobins*: Toussaint L'Ouverture and the San Domingo Revolution. [s.l.]: Vintage, 1989.

JESUS, Carolina Maria de. *Quarto de despejo*: diário de uma favelada. São Paulo: Ática, 2014.

KANTOR, Jodi; TWOHEY, Megan. *Ela disse*: os bastidores da reportagem que impulsionou o #MeToo. São Paulo: Companhia das Letras, 2019.

MONTAÑEZ, Mario Virgilio. *Memorial de Santa Elena*. Málaga: Editorial Arguval, 2004

PESSOA, Fernando. *Livro do desassossego*. São Paulo: Companhia de Bolso, 2006.

SCAMBLER, Graham. *A Sociology of Shame and Blame*: Insiders Versus Outsiders. Londres: Palgrave MacMillan, 2019.

SOUSA, João da Cruz e. *Missal e broquéis*. São Paulo: Martins Fontes, 2001.

SUE, Derald Wing. *Microaggressions in Everyday Life*: Race, Gender, and Sexual Orientation. Hoboken: John Wiley & Sons, 2010.

TOSI, Justin; Warmke, Brandon. *Grandstanding*: the Use and Abuse of Moral Talk. Oxford: Oxford University Press, 2020.

TOURINHO, Pedro. *Eu, eu mesmo e minha selfie*: como cuidar da sua imagem no século XXI. São Paulo: Portfolio-Penguin, 2019.